UMA NOVA ÁFRICA

MAGATTE WADE

UMA NOVA ÁFRICA

COMO IMPULSIONAR O CRESCIMENTO EM ECONOMIAS FRÁGEIS
SUPERANDO A NARRATIVA DE INFERIORIDADE

Tradução
SANDRA MARTHA DOLINSKY

COPYRIGHT © FARO EDITORIAL, 2025
COPYRIGHT © THE HEART OF A CHEETAH, 2023 BY MAGATTE WADE

Todos os direitos reservados.

Avis Rara é um selo da Faro Editorial.

Nenhuma parte deste livro pode ser reproduzida sob quaisquer meios existentes sem autorização por escrito do editor.

Diretor editorial **PEDRO ALMEIDA**
Coordenação editorial **RENATA ALVES**
Assistente editorial **LETÍCIA CANEVER**
Tradução **SANDRA MARTHA DOLINSKY**
Preparação **TUCA FARIA**
Revisão **ANA PAULA UCHOA** e **CARLA SACRATO**
Capa **OSMANE GARCIA FILHO**
Imagem de capa **CARLA TAYLOR PHOTOGRAPHER**

Dados Internacionais de Catalogação na Publicação (CIP)
Jéssica de Oliveira Molinari CRB-8/9852

Wade, Magatte
  Uma nova África : como impulsionar o crescimento em economias frágeis superando a narrativa de inferioridade / Magatte Wade ; tradução de Sandra Martha Dolinsky. — São Paulo : Faro Editorial, 2025.
  192 p.

  ISBN 978-65-5957-812-2
  Título original: The Heart of A Cheetah

  1. África — Desenvolvimento econômico I. Título II. Dolinsky, Sandra Martha

25-1089   CDD 338.96

Índice para catálogo sistemático:
1. África — Desenvolvimento econômico

1ª edição brasileira: 2025
Direitos de edição em língua portuguesa, para o Brasil, adquiridos por **FARO EDITORIAL**

Avenida Andrômeda, 885 — Sala 310
Alphaville — Barueri — SP — Brasil
CEP: 06473-000
www.faroeditorial.com.br

PREFÁCIO 7

CARTA DE MAGATTE 11

UMA NOVA ÁFRICA

CAPÍTULO 1 17

CAPÍTULO 2 25

CAPÍTULO 3 39

CAPÍTULO 4 47

CAPÍTULO 5 57

CAPÍTULO 6 81

CAPÍTULO 7 103

CAPÍTULO 8 109

CAPÍTULO 9 121

CAPÍTULO 10 127

CAPÍTULO 11 141

CAPÍTULO 12 155

CAPÍTULO 13 169

PÓS-ESCRITO: IBOU 183

AGRADECIMENTOS 187

PREFÁCIO

Existe esperança para a África, e ela está nas mãos da Geração Guepardo. Eu criei essa expressão em decorrência de uma experiência excêntrica. No trabalho das pessoas, certas experiências podem resultar de eventos inocentes, cotidianos e corriqueiros, mas ter uma importância profunda. Uma dessas experiências memoráveis ocorreu comigo em julho de 2003, quando eu estava escrevendo o livro *Africa Unchained* (sem edição em português; "África Desacorrentada" em uma tradução livre). Fui convidado a ir a Gana pelo doutor Charles Mensa, diretor executivo do Institute of Economic Affairs, para participar de um workshop de três dias em Elmina. Meu trabalho seria dar uma série de palestras sobre globalização e atividades de *rent-seeking** para um grupo de jovens africanos de nível superior. Eram cerca de 30, provenientes da Nigéria, Costa do Marfim, do Senegal, de Serra Leoa e, claro, Gana.

Esses jovens africanos eram bastante animados e intelectualmente astutos. Ganhei o dia no workshop com um jovem serra-leonês, de vinte e quatro anos, chamado Mustapha. Ele tinha dito aos amigos que participaria de um workshop em Gana, e eles lhe perguntaram quem seriam os palestrantes. E quando ele disse "professor Ayittey", seus amigos ficaram "extasiados" (nas palavras dele) e exigiram "provas" de que eu realmente falaria no evento. E insistiram para que Mustapha registrasse cada palavra que eu proferisse.

---

* O termo "Rent-seeking" refere-se a atividades econômicas e comportamentos empresariais que buscam obter ganhos para o setor privado por meio da manipulação de políticas governamentais e regulamentações. É uma forma de manipular políticas públicas para obter vantagens econômicas. https://www.empiricus.com.br/explica/rent-seeking/

Ao chegar a Gana, Mustapha foi à cidade e comprou um gravadorzinho para gravar minhas palestras, mas o perdeu pouco antes de chegar ao workshop. Droga! Achando que estaria em "grandes apuros" (palavras dele) se voltasse a Serra Leoa sem a fita, Mustapha correu de novo para a cidade e vasculhou tudo por lá durante horas, até encontrar outro gravador para comprar. Quando voltou, minhas palestras já haviam acabado. Pobre rapaz! Para salvar sua pele, ele me fez repetir "Eu sou o professor George Ayittey" várias vezes no gravador. E lhe dei cópias de minhas palestras também.

Posso ter salvado sua pele, mas ele deixou uma profunda impressão em mim. Em minhas interações com Mustapha e seus amigos, descobri que eles pertencem a uma nova geração de jovens profissionais africanos com formação universitária. Esses jovens adultos veem as questões e os problemas africanos de uma perspectiva totalmente única. Podem ser classificados como a Geração Guepardo — a nova esperança da África. Não têm relação nenhuma com o antigo paradigma colonialista, com o tráfico de escravos ou com os líderes nacionalistas pós-coloniais da África, como Kwame Nkrumah, Jomo Kenyatta, Kenneth Kaunda e Julius Nyerere. Os Guepardos sabem que muitos dos líderes atuais são irremediavelmente corruptos, que seus governos são ridiculamente podres e, além disso, cometem flagrantes violações dos direitos humanos. Eles não toleram corrupção, ineficiência, inépcia, incompetência ou palhaçada. Eles entendem e enfatizam a transparência, a responsabilidade, os direitos humanos e a boa governança. Eles não têm estômago para a política da era colonial. Na verdade, eles nem eram nascidos nessa época. De modo que eles não justificam nem procuram explicar o fracasso governamental em termos do colonialismo e tráfico de escravos. Sem o ônus dos velhos xiboletes do colonialismo, imperialismo e outras adversidades externas, eles são capazes de analisar as questões com notável clareza e objetividade.

Sua mentalidade e suas perspectivas são totalmente diferentes das de muitos líderes, intelectuais e elites africanas, cujas faculdades mentais são tão nebulosas e seu raciocínio, ou lógica, tão confuso que não conseguem distinguir entre o certo e o errado. Esses veem uma conspiração imperialista ocidental em cada adversidade africana, e se uniram em defesa de líderes africanos como Robert Mugabe, do Zimbábue, simplesmente porque ele lutou contra o domínio colonial. E ao libertar seus países, esses líderes foram transformados em semideuses que não podiam fazer nada de errado. Fazem parte da Geração Hipopótamo, intelectualmente astigmática e limitada por seus antolhos pedagógicos colonialistas. Essas pessoas conseguem ver com a clareza de uma águia as injustiças perpetradas por brancos contra pretos, mas são irremediavelmente cegos para as injustiças mais hediondas perpetradas — bem debaixo de seu nariz — pelos Mugabes, os Gaddafis, os Eyadémas, os Obiangs, entre outros. Os Hipopótamos só veem opressão e exploração quando perpetradas por ocidentais ou brancos. Já os Guepardos não são tão astigmáticos intelectualmente.

Eu disse àqueles jovens africanos que fizessem um Pacto do Guepardo: que buscassem a riqueza no setor privado. E mais importante ainda, que evitassem o setor governamental. As razões são duas: primeiro, o governo tem sido a fonte de muitos dos problemas da África. Segundo, pode ser perigoso. Se você trabalha em um departamento governamental onde todo o mundo rouba, é difícil se manter limpo. Um dia, você será suspeito de ser um informante, e eles poderão manchar sua reputação e dar um jeito de implicá-lo em um escândalo.

Depois do workshop, continuei popularizando o conceito de Geração Guepardo em minha palestra TED em Arusha, Tanzânia, em julho de 2007. Identifiquei alguns Guepardos e escrevi sobre eles em meus livros recentes. Os Guepardos são solucionadores de problemas e empreendedores; eles não ficam sentados esperando que os governos resolvam suas questões. Tendo escrito a seu respeito, era meu desejo sincero que um Guepardo escrevesse sua própria história, contando detalhadamente como havia começado, que obstáculos enfrentara e como os superara. E o que eu mais queria era que desse sugestões e conselhos às novas gerações. Eu não poderia fazer isso por ele.

Minhas preces foram atendidas quando Magatte Wade lançou seu livro, *Uma Nova África*. É uma dádiva de Deus e atende perfeitamente a meu desejo. Você pode imaginar a alegria que senti ao folheá-lo; é exatamente o livro que eu estava procurando. É essencial que seja lido por aqueles que fazem as políticas e por estudantes; ele simboliza a energia pulsante, a força e o ritmo de um empreendedor africano.

A história de vida de Magatte é tão notável quanto ela. Magatte destrói a mitologia da inferioridade africana que envolveu a África por séculos — um persistente mito de que a África carecia de empreendedores. Nada poderia estar mais longe da verdade. Havia livre mercado, livre iniciativa e livre comércio na África antes que os colonialistas pisassem no continente. O mercado era dominado pelas mulheres. E um segredinho sobre a luta pela independência é que foi inanciada pelos lucros das mulheres do mercado africano. Portanto, podemos dizer que o empreendedorismo está no DNA de Magatte.

Mas ela não nasceu em berço de ouro. Magatte veio ao mundo no pobre vilarejo de M'Bour. Quando era pequena, os pais a deixaram aos cuidados da avó e emigraram para a França. Aos sete anos, ela foi encontrá-los na Alemanha para estudar.

Aos trinta anos, ela já havia fundado a Adina World Beverages, uma empresa de bebidas especiais de inspiração africana com mais de US$ 30 milhões em capital e distribuição nacional nos Estados Unidos. Magatte é dona de outra empresa na África, a SkinIsSkin, que fabrica produtos para cuidados da pele com receitas senegalesas. O livro de Magatte é uma história notável de triunfo pessoal diante de obstáculos assustadores.

Contudo, há uma segunda história, além de seus empreendimentos, que reflete sua curiosidade intelectual. Ela sempre se perguntava por que algumas nações são ricas enquanto outras são pobres. Depois de 30 anos estudando o problema assiduamente, ela encontrou a resposta, que virou de cabeça para baixo toda a ortodoxia do desenvolvimento. Mais de US$ 3 trilhões foram injetados na África, com poucos resultados, e Magatte indica três razões pelas quais sua nação continua pobre: excessiva regulamentação governamental, corrupção desenfreada e iniciativas caritativas ocidentais que enredam a população na dependência e destroem programas nacionais produtivos.

Ela acredita que a solução está na abertura dos mercados, o que tiraria o governo do caminho e levaria ao despertar do espírito empreendedor — "o coração de um Guepardo" — que fez da África, durante muito tempo, um centro de lindo artesanato e livre comércio.

É uma solução muito simples e nos leva a questionar por que ninguém pensou nisso antes.

Este livro deveria ter sido escrito há muito tempo. Teria mostrado à África a rota verdadeiramente autóctone e bem-sucedida para a prosperidade.

Sempre afirmei que a salvação da África não está nos corredores do Banco Mundial, do FMI ou do Congresso dos EUA, nem no santuário interno do Politburo chinês. A salvação da África repousa nas costas da Geração Guepardo. Este livro é seu guia, e tem meu total endosso.

DOUTOR GEORGE B. N. AYITTEY,
Washington, DC, 3 de novembro de 2020.

CARTA DE MAGATTE

Por que a África ainda é pobre? É uma pergunta que me fazem com frequência e que me assombra há anos. E me assombra porque a resposta é simples, mas nem todo o mundo a entende.

Talvez você acredite que é devido à colonização. Sem dúvida, a colonização foi terrivelmente cruel muitas vezes e deixou muitas cicatrizes. Mas (e sei que isto vai irritar muita gente) eu não acredito que a colonização seja a raiz da pobreza na África hoje, mais de 60 anos depois. Muitos países foram colonizados e, mesmo assim, saíram da pobreza.

Singapura, por exemplo, e Dubai. Ou Coreia do Sul e China, inclusive. Esses países foram pobres, até que, um dia, deixaram de ser.

As Ilhas Maurício, que em 1960 não tinham quase nenhuma atividade econômica, estão agora no terço superior global. Botsuana é um país de renda média alta, e Ruanda tem apresentado um crescimento acelerado nos últimos anos.

Então, qual é a resposta? Por que tantas nações africanas ainda são pobres, ao passo que algumas estão crescendo? É a corrupção? A geografia? A educação? Habilidades? Desnutrição?

Para quem não é um empreendedor, a resposta é invisível. Provavelmente você não a veja porque provém de um país que lhe permitiu nunca ter que pensar nisso.

A resposta é: o ambiente dos negócios na África é o pior do mundo.

É por causa de nossas leis que os empresários africanos vivem acorrentados, e essas correntes nos impedem de criar riqueza e administrar empresas prósperas.

Em Singapura, Dinamarca, Nova Zelândia ou Estados Unidos é bem simples abrir uma empresa. Em contrapartida, na maioria das nações africanas é muito difícil. As leis que possibilitam fazer negócios na África estão entre as piores do mundo, e isso não é força de expressão.

Pesquise. Dos 20 países com a classificação mais baixa do mundo em termos de facilidade para abrir uma empresa, 13 estão na África. Isso dá quase 70%!

Só há uma maneira de a África se tornar próspera, e não é por meio da caridade, ajuda ou educação. É por meio de empresas. Empresas geram empregos. Empregos permitem que as pessoas ganhem dinheiro. E quando os africanos tiverem dinheiro, deixarão de ser pobres.

É uma equação simples, certo?

Infelizmente, não.

Ficaremos presos em um ciclo interminável de pobreza enquanto essas correntes não forem finalmente quebradas e nossos mercados não forem livres.

Talvez você se pergunte o que tem a ver com isso. Talvez você não seja africano e sua vida esteja ótima. Portanto, por que deveria se importar?

Porque até 2050, 25% da população mundial será africana. Isso mesmo: uma a cada quatro pessoas na face da Terra será africana. E você sabe qual é a média de idade na África? Dezenove anos! Na América do Norte e na Europa, esse número é de trinta e oito anos e quarenta e dois anos, respectivamente.

O futuro é africano. Seu destino, e o de todo o mundo, está ligado ao nosso.

Como empreendedora africana que sou, sofri na pele as dificuldades de fazer negócios na África. A infraestrutura é uma bagunça; as regulamentações são absurdas, e a burocracia é avassaladora. É quase impossível abrir empresas formais/legais, contratar funcionários e crescer.

Mas há esperança. Existe um caminho a seguir.

O caminho para a prosperidade na África passa pelas Startup Cities, que são cidades com leis e governo próprios projetadas para fornecer um ambiente amigável e propício para que as empresas se estabeleçam e prosperem, criando empregos e oportunidades para todos.

Isso não é uma fantasia; é uma estratégia de validade comprovada. No mundo todo, países seguiram modelos similares que empoderaram empreendedores e permitiram a inovação. E o resultado foi sempre o mesmo: riqueza e prosperidade para os cidadãos desses países.

As Startup Cities têm o poder de quebrar as correntes da pobreza na África. A criação de ambientes de negócios de alto nível é o caminho comprovado para nosso futuro próspero.

* * *

Quando comecei a escrever este livro, queria criar algo que fosse valioso para aqueles movidos pela paixão de causar um impacto positivo na África. Seja você africano ou não, viva na África ou não, seja um ativista, investidor, doador ou um empreendedor, acredito que há algo neste livro para você.

Uma coisa que posso lhe prometer é que este livro não é uma historinha bonitinha sobre caridade e ajuda. É uma história sobre a realidade de fazer negócios na África e os desafios únicos que os empreendedores enfrentam nesta região. É uma história sobre as razões pelas quais todas as tentativas externas de "salvar a pobre África" fracassaram e continuarão fracassando. Mas, acima de tudo, é uma história sobre o potencial africano de ser um farol de esperança para o mundo.

Sendo uma mulher africana que nasceu no Senegal, cresceu na França, construiu uma carreira de sucesso no Vale do Silício e depois criou empresas lucrativas na África e nos Estados Unidos, sou especialmente qualificada para orientá-lo nessa jornada.

Quando eu tinha trinta anos, fundei uma empresa de bebidas de inspiração africana chamada Adina, com mais de US$ 30 milhões em capital e distribuição nacional nos Estados Unidos. Atualmente, administro outra empresa na África chamada SkinIsSkin, que fabrica produtos para cuidados da pele com receitas senegalesas.

Também tive a bênção de falar sobre este tema no mundo todo: nas Nações Unidas, nas palestras TED, no Aspen Institute, em Harvard, Yale, MIT, Stanford e na Clinton Global Initiative, além de conferências na França, no Reino Unido, em Dubai, na Guatemala, Nigéria, Arábia Saudita, em Ruanda, no Gabão, no Senegal, na Tanzânia, Mauritânia e muitos outros lugares.

E talvez você tenha me ouvido falar no podcast de Jordan Peterson ou no de Lex Fridman que, quando este livro estava sendo escrito, tinham, juntos, mais de 10 milhões de visualizações.

Portanto, enquanto você segura este livro nas mãos, quero lhe agradecer por dedicar um tempo para ler minha história. Uma de minhas paixões é compartilhar meu conhecimento e experiência com os outros, e a missão de minha vida é criar prosperidade em minha amada África.

Convido você a ler este livro com a mente e o coração abertos, caminhando ao lado desta empreendedora africana. Espero que, assim, suas crenças sobre como ajudar a África passem de "redução da pobreza" a construção de prosperidade.

Como um símbolo de minha gratidão, vou lhe dar uma cópia gratuita desta obra no formato de audiolivro. Espero que goste!

ESCANEIE O QR CODE PARA BAIXAR INSTANTANEAMENTE SEU AUDIOLIVRO GRATUITO.*

É hora de parar de menosprezar os africanos. É hora de interromper o ciclo interminável de caridade e ajuda que só leva a mais pobreza. É hora de investir em empresas africanas e de fornecer os ambientes e recursos de que precisamos para prosperar. A chave está nas Startup Cities, que liberarão o potencial da África e de seu povo.

Junte-se a mim nesta missão. Unidos, poderemos criar um futuro brilhante para a África e um mundo melhor para todos.

---

* O idioma do audiolivro é o original da autora.

UMA NOVA ÁFRICA

1

Ku ëmb sa sanqal, ëmb sa kersa
(Aquele que segura os cordões da bolsa ou
tem a mão que nos alimenta, também é quem
permite que mantenhamos nossa dignidade)

Vou lhe contar uma história. Não a da minha vida, essa virá depois. Esta história diz respeito às palavras; palavras que nunca pensei que ouviria de outro ser humano, mas que me foram ditas por uma jovem senegalesa que contratei para trabalhar em minha fábrica. Entenda uma coisa: eu amo essas jovens que trabalham em minha fábrica. Elas se dedicam de corpo e alma a empregos muito diferentes daqueles a que estão acostumadas. Foram criadas para cozinhar e limpar, mas agora, fabricam produtos tão bons quanto qualquer outro encontrado no mundo. E elas fazem isso em uma fábrica africana — a minha fábrica.

Elas são minhas heroínas.

Naquela manhã, aquela jovem, Nafi, basicamente me disse, sobre nós, africanos: *Talvez sejamos inferiores.*

Suas palavras despedaçaram meu coração. Mas eu precisava ouvi-las porque estava — e ainda estou — assombrada. O que me assombra é a história tantas vezes repetida de meu povo, meus conterrâneos senegaleses, que agora jazem no fundo do mar.

Que agora são comida de peixe.

São comida de peixe porque pouca gente neste mundo está focada em verdadeiras soluções para a África. Muito pouca gente está focada na essencial necessidade de gerar empregos.

Mas essas pessoas que estão no fundo do mar eram meu povo, pessoas parecidas comigo. E muitas eram tão jovens!

Você realmente acha que isso é o melhor que podemos ser: servir de comida para peixes?

Essas pessoas estavam tentando chegar à Europa; subiram em barcos pequenos demais, lotados demais, nem um pouco adequados para esse tipo de travessia marítima. Estavam desesperadas por empregos.

Eu ouvi histórias assim a vida toda. Também histórias sobre pessoas que caíram de aviões porque estavam escondidas no trem de pouso. Algumas se escondiam no compartimento de carga e morriam congeladas. E houve outras, também, que decidiram ir por terra, atravessando a Líbia.

Você sabe o que acontece conosco quando atravessamos pela Líbia e somos pegos? Somos vendidos como escravos. Por US$ 500. Às vezes por US$ 300.

Você não se sentiria assombrado se, como eu, ouvisse essas histórias desde pequeno, repetidamente? Não se sentiria assombrado por elas?

Naquela manhã — a manhã em que ouvi as palavras daquela mulher sobre sermos inferiores —, admito que eu estava ansiosa. Havia decidido reunir minha equipe no Senegal para, por fim, explicar a todos quem realmente eu era e o que me levava a fazer o que fazia.

Nós nos reuniríamos na fábrica, que fica em Mékhé, uma cidadezinha a pouco mais de 1,6 mil quilômetros de Dacar, capital do Senegal. Mékhé é pobre e, desse ponto de vista, assemelha-se a muitos vilarejos de países em desenvolvimento pelo mundo. A maioria consiste em construções de blocos de concreto, normalmente cobertos com uma camada de poeira das ruas de terra. Muitas dessas construções são lares de pequenos negócios familiares que vendem refrigerantes e salgadinhos. Algumas funcionam como restaurantes. O povo faz qualquer coisa para ganhar um CFA (Communauté Financière Africaine, "Comunidade Financeira Africana" em tradução livre), uma graninha.

Mékhé não é bonita em nenhum aspecto, mas as pessoas que vivem lá a amam, dessa maneira misteriosa como todas as pessoas amam seu lar. Eu a amo.

Naquela manhã, eu me somei às cabras e carroças puxadas por cavalos. As pessoas iam e vinham, atarefadas, desviando-se das pilhas de esterco de cavalo, caminhando sobre a terra que compõe nossas ruas empoeiradas. Já estava quente.

Aquela reunião era importante para mim porque havíamos alcançado vários marcos cruciais: os funcionários já estavam devidamente treinados, e tínhamos produzido, com sucesso, nosso primeiro lote de amostras. Em poucos dias, eu estaria nos Estados Unidos, nosso mercado-alvo, e na casa de meu marido.

Eu me sentia exausta. Estávamos no final de um ano de viagens incessantes, com pelo menos seis voos transatlânticos, além de muitos dentro da América do Norte e África. Abrir e administrar uma empresa em qualquer lugar já é difícil, mas na África é ainda mais complicado.

Eu poderia dizer que abri uma fábrica, mas talvez seja mais preciso dizer que a construí — uma tarefa muitas vezes maluca, dada a falta de equipamentos de laboratório adequados e suprimentos no Senegal, e a dificuldade e o custo de importá-los.

Mas isso foi só o começo. Eu também conduzi a pesquisa e o desenvolvimento da formulação dos produtos. Como eu estava decidida a usar recursos africanos, muitas vezes tive que procurar fornecedores e, ao encontrá-los, criar relacionamentos. Eram relacionamentos muitas vezes difíceis, porque meus requisitos relativos aos padrões de qualidade raramente estavam disponíveis em fornecedores locais. E pagava uma tarifa de 45% sobre cada item que importava — tarifa que torna a importação de suprimentos para o Senegal muitas vezes proibitiva para pequenas empresas como a minha.

Veja, por exemplo, as dificuldades que enfrentei para conseguir no Senegal caixas de papelão para embalar meus produtos. Existem apenas dois fabricantes de caixas de papelão no Senegal, e a qualidade não é a ideal. Para comprar caixas personalizadas, eu precisava encomendar pelo menos mil peças de qualquer tamanho e formato. Precisávamos de dois tamanhos: um para embalar os protetores labiais a granel e outra para armazenar as caixas menores para poder despachá-las. Isso significava eu tinha que encomendar 2 mil caixas (mil caixas de cada tamanho), sendo que, quando comecei, precisava apenas de 50 de cada.

O processo de personalização leva de quatro a oito semanas para o primeiro pedido, após a aprovação das amostras pelo cliente — e isso pode levar várias semanas. Se eu tivesse muitas caixas vazias, teria que armazená-las, e se não fosse em um depósito à prova de insetos e poeira, em poucas semanas estariam inutilizáveis. Eu tinha que pagar 50% do pedido adiantado. Muitas vezes, demorava muito para explicar o que eu queria exatamente, para garantir que receberia as caixas certas. Até que, em vez de continuar pedindo caixas personalizadas, acabei encontrando outra empresa que tinha um estoque excedente de uma caixa que era bem próxima do que eu precisava. Não tinha exatamente o tamanho e a qualidade certos, mas servia como uma medida paliativa.

Pois é isso que preciso fazer para comprar caixas de papelão no Senegal. Como já disse, se as importar, pago uma tarifa de 45%, o que as encarece demais.

Em contrapartida, nos Estados Unidos eu posso comprar exatamente as caixas de que necessito por menos de US$ 100 e pagar com cartão de crédito. Se fizer o pedido antes das 18h, recebo na fábrica dos EUA no dia seguinte.

Isso não se aplica apenas a caixas. A maioria dos itens necessários para uma empresa são caros e extremamente difíceis de conseguir no Senegal. Sua empresa tem impressora, fotocopiadora e computador? No Senegal, todos os equipamentos de escritório são, no mínimo, 50% mais caros que nos Estados Unidos, e há muito menos opções.

Por que não há empregos suficientes no Senegal? Por que nossos jovens atravessam o Atlântico em barquinhos de pesca na tentativa de chegar à Europa, levando consigo sonhos de uma vida melhor?

Porque abrir uma empresa do tipo que gera empregos no Senegal é como nadar em areia movediça.

Abrir minha fábrica foi apenas uma das dificuldades que enfrentei. Houve algumas mais pessoais, como, por exemplo, o estresse prolongado de investir dinheiro em um produto que, como eu sabia muito bem, exigiria a quebra de muitos preconceitos.

Eu sabia que, embora a maioria das pessoas não se importasse de comprar roupas, joias e outros produtos não perecíveis feitos na África, muitas rejeitariam produtos africanos que, nos EUA, exigem supervisão de agências reguladoras, como alvarás sanitários para a fábrica e muitos requisitos para os rótulos.

Sim, há produtos que dizem ser africanos, ou que pelo menos são inspirados na África. Mas, na melhor das hipóteses, usam só alguns ingredientes africanos. São raros os cosméticos fabricados de verdade na África (exceto, talvez, na África do Sul) e exportados para a Europa ou Estados Unidos. Mas eu havia decidido estabelecer minha fábrica no Senegal, mesmo sabendo que a recepção inicial seria cautelosa, na melhor das hipóteses.

Como eu sabia que seria esse o caso, era muito dura comigo mesma e com a equipe. Tínhamos que ser cuidadosíssimos com tudo. Eu me estressava com os detalhes; estávamos todos cansados, acho. Animados também, mas nervosos.

Eu havia decidido começar o dia com uma reunião geral. Naquela manhã, quando as moças chegaram, Ibrahima, o líder da equipe, disse a elas que nos reuniríamos na sala de produção principal porque eu queria falar com elas. Após seguir o protocolo usual — higienizar as mãos, colocar o jaleco, calçados e touca — para poder entrar no laboratório, fomos todas para a mesa. Preparamos uma linda bandeja com café, leite, açúcar e xícaras e escolhemos nossos lugares.

Ainda não eram 11 da manhã, mas a temperatura lá fora já chegava aos 35 graus. Dentro, graças ao ar-condicionado, curtíamos um clima mais fresco, 25 graus, como exigia o processo de fabricação. Por alguns minutos, fizemos brincadeiras entre nós enquanto servíamos café e chá. Quando todas estavam servidas, fez-se silêncio. Notava-se que elas não tinham a mínima ideia do que eu queria falar. Mas naquele dia importante, eu tinha algo a dizer. Por fim, compartilharia com elas o motivo de tudo.

Respirei fundo e me dirigi ao grupo:

— Vou lhes contar o que me motiva, o que me fez vir para esta pequena aldeia para montar minha empresa.

— É porque você é uma boa pessoa, Magatte — disse Mame Marème.

Mame Marème. Quantas vezes eu quase a mandei embora porque, no começo, ela não conseguia ser pontual e não tinha iniciativa no trabalho... Depois de alguns episódios frustrantes, Ibrahima (eu o chamava de Ibou) me pediu que desse um passo para trás e o deixasse nutrir as habilidades dela. Sabendo exatamente o que eu precisava ouvir, Ibou me disse:

— Seu anseio e o peso que você carrega a deixam impaciente. Nenhuma dessas mulheres jamais teve um emprego formal, muito menos desta natureza. Você veio para um vilarejo aqui, na área rural do Senegal, trazendo os padrões mais altos do mundo para funcionárias que nunca tiveram um emprego na vida. Sim, todas essas mulheres sempre trabalharam cuidando da casa e da família, e fazem isso com grande bravura e dignidade. Mas tudo isto é novo para elas. E eu te conheço. Conheço seu coração. Eu sei que é exatamente por isso que você está aqui: para dar a elas a chance de fazer algo além do trabalho doméstico. Mas assim, você não irá motivar ninguém. Até eu, que sou seu amigo há dez anos, senti meu coração se apertar muitas vezes desde que começamos a trabalhar juntos. Sei que está estressada, mas você não pode agir assim; não pode jogar isso em cima de nós desse modo. Deixe-me trabalhar com a equipe, todos nós chegaremos lá. Cada um de nós chegará a esse nível classe A de que você fala, e além; mas, para isso, você precisa reprimir a impaciência. Observe o tom de sua voz quando falar. Lembre-se de que você comanda e inspira a energia deste lugar.

E a seguir, ele me informou algo que doeu:

— Algumas dessas mulheres têm tanto medo de você, medo de te decepcionar, que cometem erros só porque ficam nervosas em sua presença. Então, por favor, acalme-se. Tente sorrir. Tudo bem, não temos experiência ainda, mas não somos idiotas. Não há nada que não possamos fazer se nos ensinarem e se formos devidamente treinados.

Ao ouvir isso, fui para minha sala chorar. Chorei muito. Chorei de culpa. Foi muito triste perceber que, apesar de tudo que havia feito para criar um bom ambiente de trabalho para a equipe, eu era a principal fonte de sofrimento na vida profissional de todos.

Mas estas palavras em particular: "Não temos experiência ainda, mas não somos idiotas" me fizeram chorar de profunda decepção comigo mesma, porque me dei conta de que devia ter internalizado os preconceitos que a maioria das pessoas tem sobre o trabalho feito na África pelos habitantes locais.

Eu havia ouvido de todo o mundo, de não africanos que trabalhavam no Senegal, de africanos na diáspora e até dos próprios habitantes locais: "Você vai fazer *o que* em uma aldeia rural africana?!"

Um francês que queria fechar um contrato conosco para montar o laboratório chegou a comentar: "É melhor você criar regras quanto ao uso do banheiro; caso contrário, eles vão abusar".

Ouvi tudo isso, e embora estivesse determinada a provar que estavam todos errados, ficava mais ansiosa a cada erro. Eu havia esquecido que é normal cometer erros, especialmente quando se aprende algo novo. Ainda não me perdoei por ter esquecido esse fato, mas passei a escutar mais, e coloquei meus novos conhecimentos em prática.

— Obrigada, Mame Marème — respondi, sorrindo —, mas não é porque sou gentil. Deus sabe que tenho sido muito exigente. Tenho certeza de que cada uma de vocês me xingou algumas vezes, principalmente no começo.

Vi Mame Marème sorrir discretamente. Eu prossegui:

— Decidi reunir todos hoje porque já estamos trabalhando juntos há alguns meses, e quero lhes dizer por que os pressionei tanto.

Das pessoas que estavam naquela sala, afora Ibou, nenhuma delas jamais havia ido além da fronteira senegalesa. Algumas nunca haviam estado em Dacar, a capital. O fato de eu, uma compatriota senegalesa, ter vivido na França, na Alemanha e nos Estados Unidos tornava-me uma criatura exótica aos olhos delas, digna de respeito — sem dúvida, mais do que eu merecia.

Eu lhes contei algumas verdades difíceis. Disse que o mundo tem preconceitos em relação aos produtos feitos na África. De certa forma, não foi difícil para elas entender, porque temos um complexo de inferioridade cultural.

22

Conscientemente ou não, admitindo ou não, muitos africanos pensam que o que vem de nós não é bom o bastante. Expliquei que fazíamos parte de um grande empreendimento com o fim de mudar a percepção dos outros em relação à África. E para isso, eu disse, precisávamos estar acima de qualquer suspeita. Acima do preconceito. Ser apenas bom era um luxo a que nossa fábrica africana não podia se dar. Um erro aqui, um atalho ali, e acabaríamos junto com muitas outras empresas africanas que não tinham credibilidade, especialmente no Ocidente. Expliquei que era essa a razão de termos que estabelecer e seguir procedimentos de controle de qualidade para nos equiparar a qualquer outra empresa do mundo.

Sentada àquela mesa, olhando ao redor, meu coração de repente se encheu de gratidão a cada uma daquelas pessoas, por sua dedicação a um trabalho bem-feito. Ganhei um coração novo, cheio de esperança e mais dedicação. Eles haviam desenvolvido mais orgulho de nossa empresa que eu, se é que isso era possível. E eu lhes agradeci.

— Como vocês sabem, irei embora em alguns dias, e tudo que criamos aqui ficará a seu encargo. Não estarei junto para supervisionar. E todos sabem por que o trabalho de vocês aqui é tão importante para nossa credibilidade no mercado norte-americano.

Estavam todos sérios, ouvindo atentamente.

Eu lhes disse que confiava em sua capacidade de criar produtos que seriam conhecidos e respeitados no mundo todo.

— Olhem para nós — falei. — Juntos, estamos criando produtos inspirados nas tradições e na grande sabedoria do povo de nosso país. Estamos fabricando na África. Estamos gerando empregos.

Eu podia ver o orgulho no rosto de todos, e prossegui:

— Estamos levando algo novo para as pessoas dos países ricos; não só novos produtos, mas também novos conhecimentos. Estamos mostrando a elas que a crença de que a África não tem com o que contribuir para o mundo está errada. E estamos fazendo mais uma coisa: recuperando o antigo modo africano de negociar. Durante centenas de anos, um milênio ou mais, a África foi próspera, tão rica quanto qualquer terra do mundo. Naquela época, nós tínhamos nossas rotas comerciais, não menos ricas que a Rota da Seda ou a Rota das Especiarias. Timbuktu e Aksum eram centros comerciais magníficos. Mas perdemos tudo. Agora, vocês e eu estamos juntos, reconstruindo a prosperidade africana. Por isso, pedimos às pessoas que não nos deem caridade; porque, muitas vezes, a caridade machuca. E não pedimos que comprem nossos produtos para nos ajudar.

Peguei alguns protetores labiais que fabricamos e continuei, chacoalhando um, de leve, no ar:

— Queremos que comprem nossos produtos porque eles são especiais. Eles são de alta qualidade, e são africanos.

Quando terminei, olhei para Nafi, que tinha apenas vinte e seis anos. Aquele era seu primeiro emprego. Sua pele preta exalava frescor, tão úmida e bonita em contraste com seu jaleco branco. Tão jovem. Fitando-me com os olhos cheios de lágrimas, Nafi agradeceu:

— Obrigada, Magatte. Minha vida inteira vi gente como eu representada em filmes, revistas e coisas do tipo, sempre como alguém pobre e sem esperança, que necessitava da ajuda dos outros. E confesso que cheguei a imaginar que talvez nós, pretos africanos, fôssemos inferiores.

Ela chorava, e lágrimas começaram a brotar de minhas entranhas.

— Mas não é por isso que estou chorando — acrescentou ela, ereta, cabeça erguida, ombros para trás. — Choro porque agora sei que isso não é verdade. Eu não sou inferior. Os pretos africanos não são inferiores.

Todo o seu ser exalava um enorme alívio, como se mil quilos houvessem sido tirados de cima de seu peito e de seus ombros.

Chorei de alegria. Eu acabara de testemunhar um ser humano recuperar a sua dignidade.

2

Ndoxum kese du forox (Água pura nunca azeda)

Eu nasci na África e passei meus primeiros sete anos lá. Volto sempre para trabalhar e me reconectar com meu povo e minha cultura, mas passei grande parte de minha vida fora, principalmente na Europa e nos Estados Unidos. Digo isso para provar que sei o que a maioria dos ocidentais pensa sobre a África.

A resposta é: muito pouco, e de duas maneiras. É certo que há imagens negativas da África por aí. A maioria dos norte-americanos, por exemplo, primeiro pensa em crianças pretas famintas, com a barriga inchada de vermes. Essa é a imagem usada pelas instituições de caridade que operam no Ocidente para pedir doações "para a causa". Eu chamo isso de pornografia da pobreza.

Essas imagens, por vezes, são trocadas por outras de guerras civis e campanhas de genocídio.

Alguns — um pouco mais esclarecidos, talvez — veem a África como um imenso parque natural da Disney, com elefantes e girafas andando por todo lado pelas planícies. Veja *O Rei Leão*, por exemplo, ou *Madagascar*.

Até os mapas do mundo conspiram contra a África, cujo tamanho cartográfico se equipara ao da Groenlândia. Só que a África é 14 vezes maior que a Groenlândia e 70% maior que a América do Sul!

Mas a dura verdade é que a maioria das pessoas do Ocidente não pensa na África.

Um número inacreditável de norte-americanos, por exemplo, acha que "África" é uma única nação, e não mais de 54 estados independentes. Eu apostaria um bom dinheiro que menos de um norte-americano a cada cem seria capaz de localizar meu Senegal em um mapa. Menos de um a cada mil conseguiria identificar uma foto de Dacar.

O livro *The Heart of Darkness* (Coração das trevas), de Joseph Conrad, escrito em 1899, no auge do colonialismo, não disse que o coração das trevas era a África, mas ninguém jamais duvidou de que era essa a terra que ele descrevia. Marlow, o narrador, procura o país desconhecido, o "lugar em branco" no mapa. Lá, ele encontra indivíduos pretos que são canibais ou nativos abandonados, morrendo de fome, balbuciantes, às margens de um rio. Até que encontra Kurtz, o homem branco que todos descrevem como notável. Um gênio, como dizem. Esse mesmo Kurtz empalava a cabeça de seus inimigos pretos em postes ao redor de sua casa.

O escritor africano Chinua Achebe descreveu o impacto que esse livro teve sobre ele. Ressaltou que Conrad não se deu ao trabalho de conferir o poder da fala aos nativos. Que dizia que eles apenas "balbuciavam de forma violenta". Apenas duas vezes, afirmou Achebe, os nativos falam de forma inteligível no livro. Em certa ocasião, o chefe da tripulação do barco de Marlow lhe pede que capture um nativo que os havia envolvido em uma briga:

Pegue-o — pediu —, entregue-o a nós.
— Para vocês, é? O que farão com ele?
— Vamos comê-lo — disse o homem.

Os livros mais famosos sobre a África têm uma coisa em comum. Eles falam de pessoas brancas, colonos brancos ou visitantes: *Cry, the Beloved Country*; *Out of Africa*; *The Power of One* (em tradução livre, respectivamente: "Chore, continente amada"; "Fora da África" e "O Poder de um", por exemplo.

Pesquise no Google por "filmes ambientados na África" e verá aparecer meia dúzia de filmes do Tarzan.

É certo que a África tem uma lista crescente de bons escritores pretos, sem dúvida liderados por Achebe, mas nenhum ainda rasgou o véu branco que envolve o continente, tanto na cultura popular quanto na erudita.

Talvez os piores ofensores sejam os meios de comunicação. Em sua postura de suposta compaixão, venderam ao mundo uma imagem da África subsaariana como uma terra de eterna violência, pobreza e negligência.

Afro-americanos, como os pretos norte-americanos se autodenominam, também não conhecem a África. Em uma entrevista ao Al Jazeera, Akon, cantor, compositor, ator, produtor e empreendedor — e, assim como eu, senegalês--americano — deixou claro que os afro-americanos ficam aterrorizados só de pensar em ir à África: "Mesmo só para conhecer, só para saber de onde eles provêm, só para ter uma ideia do que é; tanto medo foi instilado neles que não querem ir nem para visitar. Você menciona a África e eles começam a tremer."

E é verdade. Para a maior parte do mundo, o povo da África subsaariana é invisível. Ou talvez pior: somos simplesmente peças de um drama que, como mostrou Conrad, poderia ser ambientado em qualquer lugar que não fosse ocidental.

Mas vou lhe contar como é minha África.

Uma casa típica em Mékhé e na maior parte do Senegal é chamada de "concessão". Seria como *compound* em inglês, "complexo" em português. O patriarca e a matriarca da família vivem em uma casa com seus filhos adultos, que podem facilmente chegar a cinco ou seis. Cada filho adulto casado vive em um quarto com a esposa e os filhos, geralmente dois ou três menores de dez anos. Quando têm um quarto filho, essa "subunidade" familiar se muda para outra casa, onde vão reproduzir o mesmo modelo. Seus filhos se casarão, um dia, e levarão as esposas para lá, terão filhos e ficarão na concessão até que seja a hora de sair.

No cômodo onde vive a "subfamília", geralmente se encontra uma cama com mesinhas de cabeceira, um armário, uma TV e, às vezes, uma geladeira — normalmente, uma geladeira velha e surrada que funciona a muito duras penas. As crianças dormem na cama dos pais até os três anos ou mais, quando passam a dormir em um colchão no chão, estendido à noite. Se a família tiver menos recursos, dormirão sobre um tapete.

Na maioria dos complexos vivem de 25 a 30 pessoas, mas alguns são muito maiores, dependendo do número de filhos que a matriarca e o patriarca têm. Nessas concessões, normalmente o patriarca não precisa mais prover *la dépense quotidienne,* os "gastos diários", porque ele é idoso e tem filhos crescidos. Os filhos adultos — cada chefe de uma subfamília — são os responsáveis pelas despesas diárias da concessão toda, dois dias cada um, revezando seguindo esse esquema. O valor pode variar de 6 mil a 12 mil CFA (aproximadamente de US$ 12 a US$ 24) por dia, dependendo dos recursos da família. Em média, esse dinheiro compra de 4 a 6 kg de arroz, 3 a 5 kg de peixe ou proteína, e 3 a 5 kg de vegetais por dia para alimentar toda a concessão. Isso dá conta do almoço (a maior e mais elaborada refeição do dia) e do jantar (que é mais simples). Cada chefe de uma subfamília (se puder e quiser) pode dar mais dinheiro a sua esposa para comprar mais comida, que eles geralmente comerão na privacidade de seu quarto, a menos que possam compartilhar com os outros.

O café da manhã custa cerca de 1,5 mil CFA (aproximadamente US$ 3 por subfamília de quatro a cinco pessoas) por dia e é de responsabilidade do chefe da subfamília. A subfamília o toma individualmente, não nas grandes tigelas compartilhadas como na hora do almoço e do jantar. No café da manhã, uma típica família senegalesa segue o estilo francês: pão, margarina (manteiga para quem pode pagar), chá nativo Kinkeliba ou café instantâneo Nescafé. O leite é um luxo, por isso, é usado com moderação, geralmente em pó, que é mais econômico e rende mais (e não requer refrigeração, à qual nem todos têm acesso). Sempre preferi o café da manhã mais tradicional: uma tigela de aveia local e *sow* (um delicioso "molho" de laticínios).

A maioria não possui micro-ondas nem máquina de lavar. Ocasionalmente, pessoas da classe alta podem ter, mas, mesmo assim, acham mais barato contratar uma empregada para lavar as roupas à mão.

Todo o mundo tem uma grelha pequena, tipo *hibachi*, e é nela que a maioria das pessoas cozinha. Alguns têm um botijãozinho de gás e um fogão de camping, mas a maioria usa um fogãozinho a carvão, o que contribui para a alta taxa de morte por "poluição interna".

Carro? Não. A maioria das pessoas em Mékhé anda a pé ou se locomove de charrete ou mototáxi. É possível alugar um assento em um carro ou ônibus lotado para chegar a Dacar, mas a maioria raramente faz esse tipo de viagem.

Esqueça o quarto de hóspedes. Nenhum quarto fica sem uso, a menos que a casa seja de uma pessoa notável.

Nós temos TV. Todo mundo tem. Passam filmes norte-americanos, franceses, tudo. E nós adoramos as novelas latino-americanas! É que, durante muito tempo, as novelas foram o produto mais barato que as emissoras de TV podiam comprar. Por isso, temos todas as novelas do México, da Índia e do Brasil. Os senegaleses adoram melodramas. Nunca perdemos um capítulo, apesar de nem sempre entendermos o que os atores dizem. Mas acompanhamos a trama!

A maioria dos programas é dublado. É engraçado, porque são dublados em francês. Somos um "país francófono", mas 80% das pessoas não falam francês muito bem. Em geral, os senegaleses falam wolof, que é a principal língua nativa, além do dialeto de determinados lugares.

Nos últimos anos, foram lançadas muitas novelas senegalesas em francês e wolof. Todos adoram, mas nossos líderes religiosos questionam a moralidade dos diálogos.

A TV também nos dá outra coisa: imagens que mostram que, no México, Índia, Brasil e Estados Unidos, todos são podres de ricos. Não é isso que as novelas no mundo todo tendem a mostrar? Eu me lembro de uma vez em que, ainda criança, voltei ao Senegal e expliquei a meu primo que havia sem-tetos na França.

— Perto de minha casa há uma rua pela qual não gosto de andar porque tem gente sem-teto. É assustador, fico muito triste — comentei.

— O quê?! — meu primo não podia acreditar. — Você está me dizendo que há pessoas brancas tão pobres que não têm nem casa?

— Sim, isso mesmo.

— É mentira, Magatte. Você está mentindo. Isso não pode ser verdade. Não existem brancos pobres!

Eu tinha essas discussões o tempo todo quando era mais jovem. O estereótipo africano de pessoas brancas, até uns anos atrás, era de gente sempre próspera. A expectativa padrão era: *Pessoas brancas são ricas.*

Quando criança, na França, conheci alguns pretos de classe média e classe alta, mas o estereótipo comum era que os pretos viviam em guetos e eram pobres.

Os estereótipos vivem em todos nós e têm suas repercussões.

COM IBOU

Quando Ibou se mudou de Dacar para Mékhé para administrar minha fábrica, levou a esposa e cinco filhos, ovelhas, galinhas e gansos. Com o salário que a empresa lhe pagava e o custo de vida menor de uma cidade pequena, ele conseguiu comprar uma casa de três quartos. Em Dacar, ele e a família viviam em uma casa de um cômodo; a única cama da casa era dos pais, e os filhos dormiam em esteiras no chão.

Ibou havia sido paisagista e, mais tarde, vigia noturno, mas ele tinha recursos muito modestos. Orgulhava-se de sustentar a família com seus recursos e nada mais. Também tinha muitos princípios em relação a isso e não me permitiu prover muito além de suas necessidades simples.

Compramos camas novas para as crianças, com colchões novos e mosquiteiros, lençóis, edredons, capas de edredom e travesseiros fofos. Era a primeira vez na vida que as crianças tinham um quarto, camas, lençóis, edredons ou travesseiros próprios.

Mais adiante, explicarei o imenso papel que Ibou desempenhou em minha vida, inclusive como mentor, guia espiritual, amigo, membro da família e gerente de fábrica. Mas, por enquanto, basta dizer que ele era mais próximo de mim que qualquer outra pessoa no Senegal. Eu amava seus filhos e cuidava deles como se fossem de minha família.

* * *

Nas concessões, os adultos que trabalham têm diversos tipos de emprego, como no setor informal da madeira e metalurgia, funcionários públicos de nível médio, frentistas, seguranças, policiais, vendedoras de mercado, fazendeiros, pescadores, comunicadores tradicionais, vendedores ambulantes e trabalhadores diaristas (se tiverem sorte, encontram um trabalho de pedreiro ou uma carroça para descarregar no dia).

Noventa por cento dos empregos no Senegal estão no setor informal. As pessoas trabalham duro e em condições muito difíceis. Nada me deixa mais triste que ver os vendedores ambulantes ziguezagueando perigosamente entre carros em movimento, ou no engarrafamento, respirando toda aquela poluição, tontos devido ao sol quente.

Eles vendem de tudo: panos de chão, óculos de sol, tábuas de passar roupa, tudo que você possa imaginar. Geralmente, as mercadorias provêm da Índia, da China ou do Irã. São sempre coisas baratas.

Praticamente, você pode fazer compras enquanto está preso no trânsito. Ou eles aparecem em seu bairro, carregando as mercadorias nas costas.

Como quase todos têm pouco dinheiro, as pessoas sempre procuram aqueles que possuem um pouco mais que elas — um amigo, um parente — para ver se conseguem algo com eles. São comuns situações do tipo: "Tenho que comprar este remédio, mas veja quanto custa! Meu filho está muito doente, não sei o que fazer, você pode me ajudar?"

É uma corrente. *Todo o mundo* faz isso, não só os pobres. Até os ricos fazem isso. As quantias podem chegar a US$ 10 mil, mas o mais frequente é que se trate de US$ 2 a US$ 10. É como uma cascata. A pessoa recorre a um irmão ou ao amigo de um amigo, ou, às vezes, tem um parente que conhece o ministro das finanças ou qualquer um com dinheiro.

Não existe um conceito claro de orçamento doméstico porque todos estão sempre na correria, todos devem dinheiro, todos têm dinheiro a receber. É questão de cada dia sobreviver da melhor forma possível.

Eu queria contratar Ibou para administrar minha fábrica, mas, para isso, teria que lhe pedir que se mudasse de Dacar para Mékhé. Eu estava reticente, porque isso significaria tirá-lo de sua rede de apoio em Dacar, onde ele podia pedir emprestado e emprestar dinheiro. Claro que se pode mandar dinheiro de um lado para o outro, mas a proximidade ajuda muito, porque tudo está baseado em relacionamentos. É graças a essas redes que os africanos não morrem de fome.

É verdade que os africanos são incrivelmente interdependentes. Somos interdependentes por necessidade, especialmente nestes dias modernos. Somos muito família e comunidade e temos expectativas de obrigação mútua muito sérias, e essa é a razão de tantos norte-americanos e europeus (e os primeiros líderes africanos pós-coloniais também) acreditarem que os africanos nativos eram socialistas. Eles interpretaram o espírito do Ubuntu — *Eu sou porque nós somos* — como socialismo.

Mas os africanos tradicionais também eram solidamente pró-mercado, apoiavam as leis e eram firmemente a favor dos direitos de propriedade. Jomo Kenyatta, ativista anticolonial e primeiro presidente do Quênia independente, ficou frustradíssimo com esse mal-entendido por parte do Ocidente:

Os gikuyu defendiam seu país coletivamente, e quando falavam com um estranho, referiam-se ao país, à terra e a tudo mais como "nosso", *borori wiito* ou *borori wa gikuyu*, para mostrar a unidade entre o povo. Mas o fato era que cada centímetro do território gikuyu tinha seu dono, com os limites devidamente fixados e todos respeitando os do vizinho.*

Como comentou o poeta norte-americano Robert Frost, "Boas cercas fazem bons vizinhos". Ao contrário dos marxistas, que queriam "abolir os direitos de propriedade", os africanos tiveram o bom senso de respeitar esses direitos.

George Ayittey, economista ganense (que escreveu o prefácio deste livro e criou o conceito de "Geração Guepardo"), fala com eloquência sobre a importância que a experiência de mercado sempre teve para os aldeões africanos. Ele tem um profundo respeito pelas mulheres que compõem o mercado. Ayittey começou a perceber que o socialismo era estranho à África quando viu os burocratas, sob a liderança do socialista ganense Jerry Rawlings, espancando mulheres comerciantes que violavam as leis de controle de preços. Às vezes, até arrancavam os bebês de seus braços e esmagavam a cabecinha deles. A mãe do próprio George havia sido comerciante nos mercados, e ela confirmava que a tentativa de controlar os preços era louca, brutal e profundamente antiafricana!

Como escreveu George, quando a tentativa do socialismo de "produzir os bens" — ou seja, resultar prosperidade — fracassou, os líderes militares acreditaram que o socialismo não havia sido aplicado com firmeza suficiente. Assim sendo, o fracasso econômico foi atribuído às mulheres do mercado, que eram consideradas "aproveitadoras" quando cobravam preços mais altos que os autorizados por decreto governamental. Rawlings estabeleceu regras rígidas de controle de preços e tribunais para as mulheres que as violassem. Uma confeiteira da família de George foi presa e condenada a três anos de trabalhos forçados por obter um lucro ilegal de US$ 1,50 em um pão, isso depois de eras de atividade de livre comércio em mercados autóctones africanos nos quais as mulheres podiam cobrar o que quisessem!

Para pessoas comuns, é inimaginável que coisas assim possam acontecer. Mas em 2016, ainda era possível ler uma entrevista do socialista ganense Nani-Kofi descrevendo Rawlings como uma figura amada: "De junho a setembro de 1979, o Conselho Revolucionário das Forças Armadas (AFRC), sob a

---

* Jomo Kenyatta, *Facing Mount Kenya: The Traditional Life of the Gikuyu*. Secker e Warburg, 1938.

presidência do primeiro-tenente J. J. Rawlings [...] executou oficiais militares por suposta corrupção e era muito popular entre as forças radicais."*

Ele era popular entre os radicais marxistas porque estava "reduzindo os preços". Nani-Kofi acabou ficando desgostoso com Rawlings por seu "neoliberalismo", mas não menciona os meios brutais que Rawlings usava para "reduzir os preços".

Fico furiosa quando leio sobre esses marxistas africanos que se preocupam com odiar o capitalismo enquanto ignoram os custos humanos do socialismo na África. Respeito George profundamente por se levantar contra eles, coisa que ele fez mesmo quando todos celebravam a brutalidade dessas "reduções de preços".

Voltarei mais tarde a essa insana confusão entre o Ubuntu, uma honrosa tradição moral africana, e o socialismo liderado pelo estado. Mas, por enquanto, direi apenas que essa confusão foi uma das piores coisas que já aconteceram à África, uma infâmia como o colonialismo e a escravidão.

Também quero acrescentar que, embora eu respeite o senso de obrigação mútua do Ubuntu, também reconheço como verdade fundamental que nenhum ser humano quer dever algo a outra pessoa. Demorou um pouco, mas depois de se mudar para Mékhé e começar a trabalhar em minha empresa, Ibou conseguiu arcar integralmente com suas necessidades. Se alguém lhe perguntasse se ele queria voltar ao antigo sistema, ele diria: "Dedeet!" ("Não!" em wolof).

Ele vivia em um mundo no qual era difícil ter dignidade. As pessoas precisam sempre pedir dinheiro emprestado ou emprestar dinheiro. É uma urgência constante. Por que você acha que o turismo sexual é tão comum no Senegal?

Com a pensão do governo, um francês pode viver como rico no Senegal. Por isso, vemos esses velhos, com um pé na cova, aparecendo nas praias. Como eles são pobres na França, recebem auxílio do governo, vivem em projetos habitacionais públicos, não são ninguém, mas essa mesma pensão lhes permite viver como deuses no Senegal.

No Senegal, um francês que recebe assistência social pode comprar (perdão pela rudeza) "carne fresca". Os aposentados vêm em massa fazer turismo

---

* Nani-Kofi, "Against the Odds: Rawlings and Radical Change in Ghana", entrevista para a ROAPE, *Review of African Political Economy*, https://roape.net/2016/12/01/odds-rawlings-radical-change-ghana/.

sexual. Jovens que têm a idade das netas desses aposentados franceses ficam com eles por uns poucos dólares no fim do dia.

Esses pervertidos vivem *la vida loca,* com todo o respeito e atenção que nossa sociedade — muitas vezes injustamente — concede à riqueza percebida. Em seus países, eles não seriam ninguém.

Mas não são só os homens. Também vemos algumas mulheres idosas, algumas até em cadeiras de rodas! Nenhum homem em seu país de origem — que pode ser Itália, Espanha ou França — olharia para elas, muito menos falaria com elas (Não estou dizendo que é certo julgar as pessoas dessa maneira, mas é assim que funciona). Mas elas vêm para o Senegal e, de repente, estão por aí dizendo "Oh, meu marido...", apontando para um preto bonitão.

Estou falando de homens muito bem constituídos. Homens lindos. E essas mulheres alimentam a família inteira deles... com poucos dólares!

É muito triste. Tudo isso é muito triste. Eu acredito que qualquer um pode encontrar o amor em qualquer idade ou cultura (eu mesma sou casada com um homem 15 anos mais velho e de uma cultura diferente), mas não é isso que acontece aqui.

Essas pessoas não querem viver dessa maneira.

MINHA AVÓ

Eu nasci no Senegal, cerca de 80 quilômetros ao sul de Dacar, na costa atlântica, em uma cidade pequena chamada M'Bour.

Muitos se referiam a mim como uma criança *"yaroo mam"*, uma expressão em wolof que significa "criada pela avó". Mas também carrega um segundo significado: ser mimada. Isso devido à tendência das avós a mimar os netos! No meu caso, foi verdade.

Quando eu era pequena, meus pais me deixaram no Senegal e foram para a Europa, com a promessa de voltar para me buscar. Passei os anos seguintes com minha avó. Eu me sentia muito amada e respeitada. Ela tinha um conceito muito bom de mim. Dizia coisas como: "Eu vejo o universo em seus olhos".

Ela me considerava muito inteligente, e dizia às amigas: "Minha Magatte poderia vender e entregar você, e você nem saberia. Sua mente e sagacidade a envolvem como um cobertor."

Eu dormia na cama com ela, só nós duas. Éramos companheiras muito próximas.

Enquanto outras meninas de minha idade eram obrigadas a aprender a cuidar da casa, limpar e cozinhar, eu passava os dias na rua, liderando turmas de meninos em várias aventuras. Nossos dias eram preenchidos com expedições de caça e pesca.

A casa de minha avó ficava a poucos quarteirões do mar, então, nós íamos à praia brincar com os pescadores e "pegar" peixes (implorávamos aos pescadores que voltavam para jogar em nossos baldes os peixes que não estavam em condições de ser vendidos). Nós mesmas os cozinhávamos, com molho de cebola picante, cortesia de minha avó.

Meus amigos e eu íamos com nossos estilingues à floresta. Estávamos sempre elaborando novas estratégias, como a melhor armadilha para pegar pássaros. Aperfeiçoamos um sistema com arroz, um pedaço de pau e uma tigela grande. Enfiávamos um graveto no solo arenoso, colocávamos uma tigela inclinada sobre ele e amarrávamos uma corda na parte inferior do graveto. Como isca, usávamos grãos de arroz ou painço. Ficávamos atrás de um arbusto próximo, segurando a outra ponta da corda. Para não quebrar o silêncio, "conversávamos" usando sinais de mão. Os pássaros entravam para comer os grãos de arroz e a pessoa que segurava a corda (geralmente eu) a puxava com um movimento brusco e decisivo, prendendo os bichinhos.

Eu era mestre com o estilingue, até que um dia tentei acertar um pássaro, mas a pedra bateu no galho da árvore, ricocheteou e me acertou bem no meio da testa. Caí no chão de costas, com os quatro membros esticados.

Fiquei totalmente zonza um tempo, enquanto meus amigos riam muito. Depois desse incidente, decidi que o estilingue não era mais para mim.

Em outra ocasião, eu me queimei fazendo uma fogueira para assar o peixe que havíamos pegado. Ainda tenho uma enorme marca de queimadura na parte de trás de minha coxa direita.

Esses foram apenas dois dos muitos acidentes que aconteceram comigo. Se você me visse quando criança, pensaria que eu apanhava o dia inteiro. A verdade é que a liberdade tem preço. Quando você tem liberdade e faz as coisas sozinha, acidentes acontecem. Mas o que não mata, fortalece.

Talvez dizer isso seja fácil para mim, mas não para todos. Certo dia, estava eu na rua, como sempre, brincando com minha turma de meninos. Havíamos decidido jogar futebol no campo do bairro, que ficava do outro lado da rua de minha avó. Tinha um poste perto do campo que fornecia eletricidade para o estádio. Por razões que não lembro, os meninos estavam alinhados quando o poste caiu, esmagando meia dúzia deles, talvez mais. Meu melhor amigo morreu. Ainda me lembro da cena: a cabeça dele pendia, frouxa, balançando sobre os ombros. Eu não sabia exatamente o que isso significava, e quando perguntei, disseram-me que tudo estava quebrado nele.

Não sei dizer quantos morreram, mas lembro que, durante horas, ficamos vendo as carroças puxadas por cavalos passarem com os corpos, levando-os para o necrotério. Eu me agarrava à saia de minha avó cada vez que essa procissão passava.

Quando meus pais ficaram sabendo, decidiram: "Você vem para a Alemanha conosco".

Antes de eu ir embora, vovó me levou para o quarto, sentou-se na cama e me puxou carinhosamente para si. Eu me aconcheguei nela, mas percebi que ela tinha algo muito sério para me dizer. De repente, me dei conta de que poderia ter a ver com aquela minha partida iminente, sobre a qual as pessoas estavam falando.

— Em breve, você irá para outro país, para ficar com seus pais — disse ela.

— Você também vai, não é, vovó?

— Não, *dom*.

Dom significa "minha filha" em wolof. Quando ela disse isso, senti um aperto no coração. Eu era uma menininha, fiquei muito assustada e agitada, só conseguia pensar: *Não, não, não!*

Devo ter dito algumas coisas terríveis sobre não querer ficar com meus pais, porque lembro que ela me repreendeu. *Não fale assim de seus pais!*

Então, recordei a última visita de meu pai, quando ele disse que logo eu estaria com eles. Tudo começava a fazer sentido. Mas eu odiava o que significava aquilo.

Minha avó conversou comigo:

— Nesse país novo, a maioria das pessoas não é parecida com você. A maioria das pessoas fala uma língua que não é como a sua, e você irá para a escola.

Meu corpo inteiro começou a ficar tenso, cada vez mais rígido. Era tudo muito assustador.

— Como assim, vovó? — Eu a encarei, com os olhos arregalados e a testa franzida.

— Sei que parece assustador, mas quando você chegar lá, não quero que nenhuma dessas coisas a *intimide*.

Pela maneira como ela olhava fundo em meus olhos e pela entonação autoritária que minha avó jamais usara comigo, entendi que ela escolhera aquela palavra em particular com muito cuidado.

Minha avó sempre negociava comigo, nunca impunha nada. Mesmo quando eu provocava uma situação ruim, brigava com um amigo ou aprontava com outro, sua abordagem era sempre me apoiar em público e depois discutir o incidente em particular. Ela tentava entender o que estava acontecendo, ouvia meu lado da história e analisava. Às vezes, ela mudava minha opinião sobre algo; às vezes, eu mudava a dela. E às vezes, concordávamos em discordar. Eu sempre era livre para aceitar ou rejeitar seus conselhos e opiniões; eu era uma criança muito livre.

Naquele momento, porém, seu conselho era claramente inegociável:

— Não deixe que nada disso a intimide! — ela repetiu. — Mesmo que a maioria deles não se pareça com você e tenha uma cor de pele diferente, eles ainda são humanos, e você é um ser humano. A língua diferente que eles falam é uma língua falada por humanos, e você é um ser humano. Você nunca foi à escola e não tem experiência com isso, mas ir à escola é o que pequenos humanos fazem, e você é um pequeno humano. Portanto, tudo que eles possam fazer, realizar e ser, você também poderá fazer igual, se não melhor. Eu sou sua avó, e você é minha *nene* ("amorzinho"). Você provém de uma família poderosa e respeitada. Seus ancestrais foram incríveis, e ninguém é melhor que nós. Eu sempre estarei com você, mesmo quando você estiver lá, se você me guardar aqui e aqui. — E ela apontou para meu coração e minha cabeça.

E assim, ela entrou em meu coração para nunca mais sair. Minha avó faleceu há mais de 20 anos, mas é como se nunca houvesse saído de meu lado. Mas sinto falta de vê-la, de sentir seus abraços calorosos e ouvir sua voz reconfortante.

Chegou o dia de partir para a Alemanha. Não sei quantos adultos estavam lá para me tirar de minha avó. Eu me recusava a entrar no carro que me levaria ao aeroporto. Joguei-me no chão, fiz a birra mais horrível do mundo, agarrada ao *grand boubou* (o traje longo tradicional) de minha avó com toda a força que podia, em uma tentativa desesperada de ficar. A pobre mulher já estava quase nua enquanto eu puxava aquela saia com a última energia dos condenados.

Por fim, fui colocada no carro, com os olhos cheios de lágrimas e o coração transbordando de tristeza e raiva. Não me lembro de nada daquela viagem, apesar de nunca ter viajado de avião antes. Tudo que me recordo é de como me sentia... e de pensar em vovó.

Mas me lembro de que, quando cheguei à Alemanha, eu andava por um corredor no aeroporto quando uma mulher passou por nós. A pessoa que me acompanhava perguntou se eu a conhecia. Sacudi a cabeça e afirmei:

— Não. Deve ser uma *black toubab*.

Black toubab é "uma pessoa preta branca" em wolof, ou seja, neste caso, uma pessoa preta que assimilou totalmente o modo de viver dos brancos.

Porém, depois de passar por nós, a mulher deu meia-volta, aproximou-se e me perguntou se eu a reconhecia. Não havia nada em meu coração em relação a ela, e eu respondi:

— Não. Eu não te conheço.

— Eu sou sua mãe — ela me disse.

3

Toog di jàmbat te defoo dara du maye dara
(Ficar sentado e reclamar sem tomar
atitude não ajuda em nada)

Fomos para casa juntas. Nevava, e o frio era intenso!

Lembro que achei o apartamento muito pequeno. Eu não estava acostumada a espaços pequenos. No Senegal, eu morava em um enorme complexo familiar formado de muitas concessões onde meus parentes residiam. A concessão de minha avó era grande, tinha um pátio espaçoso e uma mangueira grande e majestosa bem no meio. Era meu lugar favorito para relaxar e tirar uma soneca depois do almoço e do jantar.

De repente, duas estranhas apareceram: duas menininhas mais novas que eu. Eram muito fofas. Elas me pareciam familiares porque também eram pretas e tinham as mesmas tranças que eu e as outras meninas de minha casa no Senegal. Mas algo no comportamento delas era muito diferente do que eu conhecia de minhas amigas lá de casa. Eu não conseguia identificar o que era. No entanto, nunca esquecerei como fiquei animada e enciumada quando meus pais me disseram que elas eram minhas irmãs, uma uns três anos mais nova que eu e a outra uns cinco. Fiquei surpresa ao vê-las; eu não sabia de sua existência.

Não me recordo de minha mãe me visitar no Senegal. Lembro-me de meu pai me levando uma boneca de tamanho real, mas não de ele ter dito algo, na época. Minha família na África nunca me mostrou fotos delas nem me falou a seu respeito. Fiquei animada, mas também me senti traída; era como se meus pais tivessem outra família que esconderam de mim.

Demorou um tempo para que nossa família recém-reunida se ajustasse. Minhas irmãs continuaram sendo mais próximas entre si que de mim; eu sempre me senti uma estranha.

A escola era uma história completamente diferente. Eu estava absolutamente arrasada; via-me cercada por rostos brancos. Pares de olhos curiosos me olhavam como se eu fosse de outro planeta. Não havia animosidade na atitude deles, apenas surpresa autêntica. Eu não falava alemão; odiava o fato de não poder sair para brincar quando quisesse. Tudo era muito limitado, não existia liberdade. E eu tinha que usar sapatos. No Senegal, sempre que tinha que usar sapatos, eu "perdia" um, assim, não podia usar o par. Mas ali, na neve, essa estratégia não parecia tão sensata.

Nossa sala de aula tinha oito crianças e duas professoras. Eu gostei das duas.

Minha avó estava certa! Ela previra que a maioria das pessoas teria uma cor de pele diferente da minha; previra que elas falariam uma língua diferente da minha; e previra que as crianças iam à escola, algo que eu nunca havia feito.

Eu pensava que, se suas previsões estavam tão certas, sem dúvida a parte seguinte também estaria. *Mesmo que a maioria deles não se pareça com você e tenha uma cor de pele diferente, eles ainda são humanos, e você é um ser humano. A língua diferente que eles falam é uma língua falada por humanos, e você é um ser humano. Você nunca foi à escola e não tem experiência com isso, mas ir à escola é o que pequenos humanos fazem, e você é um pequeno humano [...] não se intimide*, ela dissera. *Acredite em si mesma e mãos à obra.*

Então, comecei a me virar. Como faria em todas as escolas que frequentaria no futuro, investiguei para descobrir quem era o valentão da escola. E dei um soco na cara dele, só para deixar todo mundo ciente da nova ordem social.

(Em minha vida social e profissional adulta, continuo lutando contra valentões.)

Com isso resolvido, segui o conselho de minha avó e, em poucos meses, já era a melhor da classe e falava um alemão impecável. Tinha até um namoradinho, Jochen, um menininho loiro e fofo. Ele adorava se sentar a meu lado, e ficávamos de mãos dadas sempre que podíamos.

Como geralmente acontece, eu aprendia mais fora da escola que dentro.

Meu pai me ensinou uma filosofia de vida simples, que me é útil todos os dias desde então. Eu sou a primogênita e mulher, mas, ao contrário do clichê popular, meu pai nunca me fez sentir que desejava que seu primeiro filho fosse um menino. Ele sempre me fez sentir que eu era sua melhor amiga e seu mundo. Sempre me posicionou tão alto que, sinceramente, eu tinha muito medo de fracassar.

Muito do que sou hoje também provém desse ponto de partida. Meus pais não eram empreendedores, mas o pensamento deles sim. Meu pai me dizia para nunca o procurar com um problema sem levar junto a solução. *Não precisa funcionar*, dizia ele, *mas você tem de pensar em soluções*.

Meus pais acreditavam que, independentemente de onde você esteja e o que haja disponível, sempre deve "transformar tudo que o cerca em coisas que funcionem para você".

Meu mantra de vida é "criticar criando". Isso abrange a ideia de empreendedorismo. Quando enfrentamos um problema, sempre temos três escolhas:

- **Opção 1:** Ficar sentado, não fazer nada e fingir que o problema não existe.
- **Opção 2:** Sentar e conversar sobre o assunto, mas não fazer nada.
- **Opção 3:** Fazer algo e mudar a situação.

Na Alemanha, também formulei uma pergunta em minha mente que ruminaria por décadas. Encontrar a resposta a essa pergunta se tornou uma força motriz em minha vida.

Na África, na década de 1980, a maioria era pobre. Poucas pessoas tinham um carro ou um caminhão e, quando tinham, quase certamente era frágil e não confiável. A maioria ainda usava carroças puxadas por cavalos. A única pessoa que eu ouvira falar que dirigia um Mercedes era o presidente do país.

Mas na Alemanha, meus olhos de menina viam que quase todos tinham um carro legal e uma casa legal. As lojas estavam cheias de produtos finos, e as pessoas os compravam. Até os taxistas dirigiam Mercedes!

Quando voltávamos ao Senegal para visitar a família, eu sempre encontrava o mesmo: ruas de terra, carroças puxadas por cavalos, lojinhas com estoques lamentáveis. Nenhum progresso. Nenhum.

Eu tinha apenas oito anos, mas a pergunta era óbvia e me oprimia: por que os africanos são tão pobres? Por que os alemães e outros europeus são tão ricos?

Depois de dois anos na Alemanha, minha família decidiu se mudar para a França. Pensei: *Vocês estão de brincadeira, né?* Logo quando eu começava a me sentir à vontade com minha vida nova e o lugar novo! *Sério? Por quê?*

Felizmente, a mudança para a França não foi tão traumática quanto minha ida à Alemanha. Ainda era Europa e, àquela altura, eu já estava acostumada com pessoas de cores de pele diferentes e com a escola. Alemão não é francês, mas eu não fiquei muito perdida porque meus pais falavam francês conosco em casa, além de wolof. A única dificuldade era que falar uma língua não é o mesmo que dominá-la no nível acadêmico. É preciso mais vocabulário e uma gramática melhor.

Mas, enfim, levei apenas duas semanas para encontrar Régis, o valentão da escola, e dar-lhe um soco no nariz.

Depois disso, e seguindo o conselho de vovó, pus mãos à obra. Em poucos meses, alcancei todos os outros e virei a melhor de minha turma. E tinha dois namoradinhos disputando minha atenção, Olivier e Bruno. Estabelecemos turnos, e eles se revezavam para segurar minha mão nas excursões.

Obviamente, era forçada a seguir o esquema francês de educação, o que significava que, quando tivesse catorze ou quinze anos, meu futuro estaria decidido. Sério, não é você quem toma a decisão, e sim suas notas. Os bons alunos continuam no que a maioria das pessoas chama de "caminho geral", que é como o ensino médio. E os alunos com menor desempenho acadêmico geralmente são empurrados para escolas técnico-vocacionais, onde passam o tempo alternando entre o trabalho e a sala de aula.

Como era considerada uma "aluna muito boa", tomei o "caminho geral", que também é chamado de "caminho real" — de realeza — porque quem o segue pode fazer tudo que quiser. As melhores faculdades de administração, as melhores universidades, as melhores faculdades de engenharia vão atrás desses alunos.

Entretanto, mesmo no caminho geral, existem classificações. Os melhores dos melhores seguem o caminho científico. Eles fazem o BAC Scientifique, o teste de ciências GED. Foi esse que eu fiz.

No começo, escolhi o caminho da engenharia, mas depois percebi que talvez fosse só porque seria legal para meu pai. Eu fui moleca a vida toda, e minha filosofia é ser moleca. Não quero ser tão "menininha". Eu pensava: *Não vou para onde as meninas vão. Vou para onde todos os meninos vão.*

Mas acabei vendo que não estava muito animada para estudar tanta matemática e física. Não era isso que me entusiasmava. Eu também sabia que, na engenharia, muitos dos alunos com quem eu competiria seriam meio bitolados. Eu queria falar línguas, queria viajar. Observei as pessoas com quem teria que passar a vida e me dei conta: *Sabe de uma coisa? Isso não tem nada a ver comigo.*

Não esqueça que isso aconteceu quando eu tinha catorze, quinze anos. Mas eu não tinha muito tempo. Quando um estudante tem quinze ou dezesseis anos na França, precisa decidir qual carreira seguirá.

Os caminhos mais glamorosos eram engenharia e administração, e eu fiz esta última. Era bom para mim porque eu amava vendas. Sou uma vendedora nata. Mas comecei a analisar as matérias que teria e não gostei. Pareceu-me tudo estático. O foco era mais na gestão que no empreendedorismo.

Acredite, naquela época, eu nem conhecia a palavra "empreendedor", mas já sabia que queria comandar o show. Em minha família, quando me perguntavam o que eu queria fazer, eu sempre dizia que queria ter uma empresa e ser CEO, e minhas irmãs me ajudariam a comandar a companhia. Minha família ficava encantada com a ideia, e foi ela que deu inspiração a minha mente e meus desejos.

Na faculdade de administração, cada aluno tinha um mentor. O meu era diretor de um grande banco nacional. Nós decidimos que eu seria corretora de ações, porque eu amava a energia e o ritmo rápido do pregão. Descobri que o banco de meu mentor era uma instituição nacional, mas que tinha filiais no mundo todo. Eu estava com uns dezenove anos na época, e meu mentor disse que queria que eu passasse todos os verões em Chicago; assim, encaminharia minha carreira. Mas minha mãe disse não. Ela queria que eu ficasse mais perto de casa.

Meus sonhos foram destruídos. Eu estava louca para passar os verões nos EUA para tentar mexer com ações. Não sei quanto tempo eu teria aguentado, ou se teria gostado, mas a decisão de minha mãe me impediu de viver meu sonho, na época.

Então, disse a mim mesma: *Daqui em diante, farei o que eu quiser.* Esse foi o começo de uma série de eventos que levaram ao grande confronto. Outros queriam controlar minha vida, mas eu era independente demais para isso. Além do mais, percebi que, enquanto minha mãe tivesse controle sobre mim, eu não estaria segura nem poderia encontrar a felicidade.

Desde que chegara à Alemanha, ainda pequena, e não reconhecera minha mãe, nosso relacionamento não era bom. Meu pai gostava muito de mim, e ela tinha ciúme desse afeto. Ela me tratava com rancor, como se eu fosse uma coesposa (as primeiras esposas raramente são gentis com as coesposas na poligamia senegalesa). Nosso relacionamento era extremamente abusivo emocional e fisicamente, ano após ano. Apanhar e ficar trancada em um armário escuro e sem janelas por dias inteiros sem comida eram rotina. Não me lembro de minha mãe ter me abraçado uma única vez em toda minha vida.

Vou dar um dos muitos exemplos de partir o coração: quando estava indo para o bacharelado, tirei 19,5 de 20 na prova de latim. Perguntei à avaliadora por que eu havia perdido meio ponto, e ela respondeu: "Porque teria sido a perfeição, e eu não acredito em perfeição". Todos os outros formandos tinham suas famílias lá para celebrar suas conquistas depois da prova ou confortá-los se não houvessem ido tão bem. Naquele dia, a regra oficial era que os formandos seriam chamados em ordem alfabética. Com o sobrenome Wade, eu fui a última a fazer a prova. Evidentemente, ninguém estava lá me esperando quando saí da prova. Peguei o ônibus sozinha para casa depois de minha vitória acadêmica. Como é natural para qualquer criança, eu esperava que minha família celebrasse minha conquista comigo e me elogiasse por ter ido bem (ou, pelo menos, que me perguntasse como tinha ido). Mas, quando cheguei em casa, minha mãe imediatamente começou a bater em minha cabeça com uma concha de metal, gritando comigo por chegar tarde em casa e me acusando de ter estado brincando. Devo ter tido a melhor pontuação do distrito e, em vez de receber qualquer tipo de reconhecimento de minha família, levei outra surra brutal de minha mãe sem motivo algum, mais uma vez sendo acusada de algo que eu não havia feito — e mais uma vez, não recebendo o amor que um genitor normalmente dá ao filho.

Não vou dar mais detalhes sobre os anos de abuso aqui. No que me diz respeito, agora é entre ela e Deus. Cheguei à conclusão de que, se eu não fugisse naquela época, nunca sairia de lá. Na melhor das hipóteses, eu seria uma alma morta tendo que entregar todos os meus sonhos e esperanças ao controle tirânico de minha mãe. Mas também temia acabar sendo um corpo morto como resultado de mais abuso físico.

Meu pai tentou consertar as coisas entre mim e ela depois que fui embora. Eu trabalhava em um banco em Orleans e, quando saí de casa, o diretor da instituição me permitiu ficar em um dos apartamentos da empresa perto da agência. Depois de mais ou menos uma semana, meu pai me procurou, implorando que eu voltasse. Respondi que não podia mais tolerar o tratamento que minha mãe me dava. Eu queria acreditar nele, mas duvidava que meu pai tivesse força para lutar contra ela. Minha intuição me dizia que não havia esperanças, mas acabei concordando em voltar para casa no fim de semana. Na sexta-feira à noite, peguei o trem para Chartre com minha bagagem, pretendendo voltar. Mas quando o trem parou na plataforma, eu não conseguia descer. Tinha medo da maldade de minha mãe. Vi meu pai na plataforma me procurando quando o trem parou. Nossos olhares se encontraram brevemente quando ele me viu, parada diante das portas abertas, mas sem sair. E as portas do trem se fecharam novamente. Essa foi a última vez que vi meu pai.

Fiz o sacrifício máximo que é perder o relacionamento com os pais. Uma vez que a pessoa faz esse tipo de sacrifício, uma vez que é capaz de levantar a cabeça e dizer: *Não. É isto que eu sou; é isto que eu vou fazer*, passa a ser alguém diferente. Ninguém nunca mais vai lhe dar ordens.

Muitos pais africanos estão perdidos com o mundo moderno. Em várias culturas africanas tradicionais, após um rito de passagem, à época da puberdade, jovens africanos de mais ou menos treze anos são reconhecidos como membros adultos da sociedade. Eles passam a ter as mesmas liberdades que os adultos de sua cultura. Sem dúvida, havia restrições culturais muito mais rígidas, mas não existia esse nível de conflito que vemos entre pais africanos e algumas gerações mais jovens.

Francamente, não entendo bem por que alguns pais africanos esperam tal nível de submissão de seus filhos. Sei que respeitar os pais é típico da criação tradicional em várias partes do mundo. Também sei que eu (e a maioria dos africanos) fico chocada com o nível de desrespeito que os adolescentes norte-americanos mostram por seus pais. Ao mesmo tempo, conheço exemplos africanos tradicionais de respeito às crianças. Um deles é uma forte tradição de líderes sufis muito respeitosos com as crianças. Há histórias de Tierno Bokar e do xeique Amadou Bamba tendo conversas respeitosas com as crianças como forma de educá-las. Meu próprio guia espiritual sufi, Ibou, já mencionado, é muito respeitoso com os filhos. Por meio do respeito mútuo, as crianças podem crescer e ser agentes confiantes e independentes dentro das culturas africanas. A literatura africana está cheia de pessoas independentes e determinadas. O livro mais famoso de Chinua Achebe, *Things Fall Apart* (O Mundo se Despedaça), é justamente famoso por mostrar africanos com pleno senso de autonomia (como nós, humanos, temos, evidentemente!).

Mas há muitas piadas entre os africanos da diáspora sobre como os pais são controladores. Até certo ponto, isso pode vir a ser um conflito eterno entre pessoas criadas em uma cultura tradicional e as gerações mais jovens, que estão crescendo em um mundo diferente. Ao mesmo tempo, quando vejo quanto se espera que os jovens no Senegal sejam submissos a seus pais, isso não me parece consistente com essas outras histórias que ouvi sobre as gerações mais velhas. De qualquer maneira, sei que não cultivaremos uma geração de Guepardos empreendedores se criarmos os jovens para serem submissos.

Daquele ponto em diante, eu levaria comigo as lições que aprendi com meus pais, bem como a raiva e rejeição deles. E guardaria minha avó no coração.

Mas aos vinte anos, eu estava sozinha. Era emocionante e assustador.

4

Pëndub tànka gën pënduw taat
(Poeira nos pés é melhor que poeira no traseiro)

Passados alguns meses, desembarquei em Columbus, Indiana. Pensei em ficar na França, mas decidi que aquele país era pequeno demais para minhas ambições. Não fui feita para o sistema francês: se você estudou em tal escola, pode conseguir tal e tal emprego em tal e tal empresa. E se puxar o saco certo, pode subir na hierarquia de uma ordem muito previsível e preestabelecida.

Aquilo não era para mim.

Não, eu sonhava com aquele outro lugar chamado Estados Unidos da América. Diziam que lá a pessoa poderia ser o que seu coração desejasse, desde que trabalhasse duro. Gostei disso! Era a minha cara. Os Estados Unidos pareciam ser o único lugar onde eu conseguiria respirar.

Eu estava pronta para trabalhar duro, mas precisava ter certeza de que minhas recompensas corresponderiam a meu esforço. Não queria nem quero receber nada menos (nem mais) do que mereço por meu trabalho.

Os Estados Unidos eram o lar da maioria das pessoas que eu reverenciava neste mundo, e o Vale do Silício estava em meu radar fazia muito tempo. O que me atraía no Vale do Silício era a liberdade de espírito que permitia que as pessoas buscassem essa coisa chamada "empreendedorismo".

Eu nem esperei minha cerimônia de formatura da faculdade. Àquela altura, já morava em minha casa nova em Indiana, cidade que, como diziam meus amigos para me provocar, tinha mais vacas e igrejas que gente. Isso era bom para mim. Eu me sentia feliz e animada por estar no Estados Unidos.

Hoje, sou muito grata por ter vivido em Indiana, pois tive uma oportunidade única de vivenciar essa região do país. Mais tarde, acabei morando em São Francisco, Nova York e Austin, mas essas cidades não são representativas do resto do país, para dizer o mínimo.

Aqueles que conheci em Columbus, Indiana, eram incríveis — começando por Carol e Eldon Wentz, a quem chamo de minha Família Número Um nos EUA (tive mais algumas famílias assim ao longo dos anos). Posso dizer, com sinceridade, que não estaria aqui sem eles.

Durante o último ano de administração na França, fizemos um intercâmbio na Universidade Purdue, em Indianápolis. Carol e Eldon foram minha família anfitriã. Criamos um vínculo maravilhoso, e Carol deixou claro que eu era bem-vinda para morar com eles quando terminasse a faculdade. Talvez ela não imaginasse que eu a levaria tão a sério. Pois eu liguei para ela alguns meses depois para dizer: "Espero que você não tenha falado da boca para fora, porque estou indo".

Ela cumpriu a promessa, e sua família me recebeu de braços abertos. O casal me fez sentir como um de seus seis filhos. Carol e Eldon tinham uma próspera empresa de reparos automotivos especializada em automóveis europeus de alto padrão. Eles me ofereceram um emprego na empresa da família e me ajudaram com o visto H1B (e gastaram milhares de dólares em honorários advocatícios). Eles me ajudaram a encontrar um apartamento e foram meus fiadores. Além de tudo isso, cuidaram de meu bem-estar emocional e físico como qualquer pai que ama seus filhos.

Foi em Columbus que aprendi a falar inglês americano, não o inglês britânico de minha criação. Foi em Columbus que aprendi a comer milho na espiga e participei de meu primeiro Halloween em meio a fardos de feno em uma noite de outono — na traseira aberta de um caminhão, aconchegada sob cobertores quentinhos em uma noite fria, com outras famílias e crianças pequenas. O caminho era iluminado por tochas.

Essa foi minha experiência na região central dos Estados Unidos.

Em nove meses, eu já havia atualizado a contabilidade de muitos deles e melhorado os planos de marketing para a empresa. Mas logo ficou claro que eu havia superado minhas responsabilidades, e Carol me chamou para uma conversa franca. Eu sabia que ela queria falar sobre o óbvio. Carol disse: "Você fez tudo de que precisávamos e muito mais. Eldon e eu seríamos egoístas se tentássemos mantê-la aqui conosco. Se for isso que você quer, nós adoraríamos que ficasse, mas a verdade é que acho que você tem um potencial incrível. E precisa ir em frente, explorar e tirar o máximo proveito dele. Há muita coisa lá fora para você que nossa pequena empresa familiar não pode lhe oferecer."

Meus olhos se encheram de lágrimas — essas lágrimas de quando você sabe que a separação está próxima. Carol tinha razão, eu sabia. Mas estava muito tentada a ficar. Afinal, havia acabado de me estabelecer; estava cansada de me mudar. No entanto, eu também tinha vinte e poucos anos e estava cheia de curiosidade e apetite pelo mundo.

Eu tinha um namorado francês que resolvera ir atrás de mim nos Estados Unidos na esperança de ficar comigo. Quando eu lhe dissera que ia me mudar para os EUA, ele perguntara: "Mas eu vou te perder?" Minha resposta: "Talvez sim".

Então, ele foi para Columbus logo depois que me mudei. Por fim, concordei em ficar noiva dele, mesmo sabendo que ele não era bom para mim. Todo mundo sabia disso, mas Carol especialmente estava desesperada para que eu terminasse. Todavia, como ela me conhecia muito bem, sabia que a última coisa que deveria dizer era: *Você não pode ficar com ele.*

Não me diga o que fazer. Ninguém me diz o que fazer.

Portanto, ela aconselhou: "Olha, como você sabe, Eldon e eu não gostamos dessa união. Além disso, esse outro homem de quem você sempre fala... Emmanuel, esse que mora na Califórnia. Parece que há algo aí. Não cometa o erro que a maioria das pessoas comete. Vá para a Califórnia e descubra. Se você voltar e decidir que ainda quer se casar, nós a apoiaremos, mesmo não aprovando."

Mais uma vez, eu sabia que ela estava certa. Emmanuel e eu nos tornamos amigos na noite em que nos conhecemos, na faculdade de administração. Minha turma era de calouros, e o pessoal do último ano estava fazendo trote conosco naquele fim de semana. Quem conhece os trotes de faculdade sabe que podem ser horríveis. Às vezes, são realizados ritos regados a sexo e álcool, tudo em um contexto de humilhação. E se tentar escapar, você pode acabar se tornando um pária até o último ano.

Como eu era rebelde, muita gente ficou surpresa ao me ver no trote. Mas eu tinha curiosidade. E no fim das contas, não foi tão ruim. O trote tinha uma atmosfera infantil bem legal, fizemos várias brincadeiras, como caça ao tesouro e tal.

Na festa de encerramento, eu estava do lado de fora quando, de repente, vi um cara bonito. Chovia muito forte naquela noite, e ele ficou encostado em um pilar sob o pórtico, me observando. Eu o vi, mas fingi ignorá-lo. Até que, lá dentro, ele se aproximou. Começamos a dançar e conversar, e decidimos sair de novo para poder ouvir melhor um ao outro.

Quando eu ia saindo com ele, uma amiga passou por mim e sussurrou em meu ouvido: "Cuidado. Esse cara é o pegador da faculdade."

Daí em diante, fiquei tensa. Eu era orgulhosa demais para ser mais uma conquista de alguém. Ficamos só conversando, e eu não demonstrei nenhum entusiasmo. Ele estava acostumado a ser um caçador vitorioso, mas eu lhe mostraria que nem todo o mundo é uma presa fácil. Conversamos bastante, nem lembro sobre o quê. Só me recordo daqueles olhos muito profundos e escuros, cheios de desejo, sobre os quais caía seu cabelo bagunçado. E aqueles lábios carnudos, cheios de sangue quente, prontos para beijar... e suas palavras: *Você é a mãe de meus futuros filhos*. Só que eu não ri.

Fui embora. Durante os poucos meses que estivemos na mesma faculdade, ele ia a todas as festas em que achava que eu estaria. Mas claro, eu nunca estava. Eu não era muito de festas. E minha amiga me passava os recados dele: *Mande um oi para a mãe de meus futuros filhos.*

Ele foi para os Estados Unidos poucos meses depois de nos conhecermos, e só nos veríamos de novo cinco anos depois, quando apareci do alto da escada rolante do aeroporto de São Francisco. Eu não sabia se o reconheceria, apesar de termos passado aqueles cinco anos em um intenso relacionamento epistolar.

Por meio das cartas, passamos a nos conhecer muito bem. Tornamo-nos confidentes um do outro. Eu sempre sabia quando ele estava interessado em uma mulher ou ia terminar com outra. Ele também sabia dos detalhes íntimos de minha vida, tanto os bons quanto os ruins. Passamos a nos conhecer muito, muito bem. Éramos amigos incríveis. Mas também havia algo mais por baixo de tudo isso. Acho que era isso que Carol estava intuindo.

Fosse o que fosse, no instante em que nos encontramos no alto daquela escada rolante, ficou claro: só podia ser amor. Quando voltei para Columbus, depois daquele fim de semana, falei para Carol: "Deixei meu coração em São Francisco".

Dei aviso prévio em meu emprego e em meu apartamento. Terminei meu noivado. Meu ex-noivo reagiu de forma violenta, me jogou contra a parede e ameaçou me bater. Carol foi me buscar e disse que, se ele não fosse embora dos Estados Unidos, ia denunciá-lo por violência doméstica. Ele partiu para a França logo depois. Foi tudo muito difícil, mas fiz o que era certo.

Carol ficou muito feliz por mim. "Magatte, você está fazendo o que poucas pessoas no mundo conseguem fazer: seguir seu coração". "Mas estou com tanto medo!", solucei. "Eu estarei sempre aqui, caso aconteça alguma coisa, ou se você decidir voltar."

Então, fui embora.

Pensando agora, vejo que fiz uma grande aposta. O visto H1B que eu tinha não era transferível para outra empresa, de modo que eu teria que começar do zero, e não havia muito tempo. Lá estava eu na Califórnia, sem emprego e sem lugar para morar porque não viveria com Emmanuel sem nos casarmos. Mas deu tudo certo. Encontrei várias empresas dispostas a me empregar. Aceitei uma vaga de *headhunter* especializada em contratar diretores financeiros para *startups*. Emmanuel e eu nos casamos, e até compramos uma casa com piscina. Houve muitos altos e baixos pelo caminho, mas, posso garantir, sou grata por todos eles.

Logo depois de eu me mudar, Emmanuel abriu uma empresa com outro emigrante francês em Gilroy, ao sul de São Francisco. Enquanto eu esperava meu visto H1B, ajudei-o no início da empresa. Essa foi minha primeira incursão no empreendedorismo: participar da criação de uma empresa do nada. Eu atendia ao telefone e fazia vendas para os meninos: "os franceses".

Depois, passei a vender os livros e diários que eles criavam para lojas de materiais de arte e como brindes corporativos. Eles eram concorrentes da Moleskin, que virou uma marca bem conhecida.

Os primeiros anos foram difíceis, mas divertidos. Ainda dou risada quando lembro que os clientes ficavam ansiosos para marcar uma reunião quando eu ligava para apresentar os produtos. Eu tinha um sotaque francês forte, e quando Emmanuel aparecia nas reuniões, os compradores diziam: "Ei! Você não é a linda francesa com quem marquei a reunião". E isso era um ótimo quebra-gelo.

Durante anos não tivemos fins de semana; não tivemos noites. Acordávamos às cinco da manhã dia após dia, e nunca voltávamos à cidade antes das dez da noite. Mas foram alguns dos melhores anos de minha vida. Eu tinha muito orgulho de ajudar meu marido na criação de sua empresa. Lembro que, no início, ele hesitou em se permitir contar comigo. Eu tinha vinte e três anos, e ele, trinta, quando ficamos juntos. Emmanuel aproveitara seus vinte anos e estava pronto para focar no trabalho, mas achava que não seria justo que eu não pudesse curtir essa minha fase da vida, ainda mais em uma cidade tão bonita, emocionante e jovem como São Francisco.

Mas eu lhe disse: "Eu não sou assim. Ou construímos juntos ou acabou. Não estou aqui só pelas fases fáceis da vida juntos. Quero fazer parte de algo, e se você não permitir que lutemos juntos agora, certamente não estarei com você quando estiver pronto para curtir os resultados. É agora ou nunca. Você escolhe." Até reservei um voo de volta para a França para mostrar a ele que meu ultimato era sério. No dia de minha viagem a Paris, Emmanuel me esperava no aeroporto para me pedir para ficar.

Às vezes, sinto que Emmanuel era mais africano que eu. Quando me conheceu, sua mãe me contou que, desde pequenininho, com apenas quatro anos, Emmanuel fazia desenhos de si mesmo com uma garotinha preta. Ninguém sabia de onde ele tirava isso. Não havia pretos em sua cidadezinha na Normandia. Mas ele sempre se desenhava com uma garotinha preta. Mais tarde, quando nos casamos, ele levantou meu véu e disse, radiante: "Eu me casei com minha rainha africana!"

Ele me amava, amava meu povo e o continente de onde eu venho. Desde muito cedo, ele internalizara que somos todos africanos.

Mas éramos de duas culturas e países diferentes. A França dele é um país com uma economia rica. O meu, Senegal, é um país com uma economia pobre. E então, nós dois estávamos vivendo nos EUA, o país mais rico do planeta. Toda minha visão de mundo provinha desses três lugares: Dacar, Paris,

São Francisco. Um lado meu sempre ficava triste e furioso porque, ao contrário do que acontece com a maior parte das pessoas de países ricos, no Senegal a maioria não consegue desfrutar de uma vida próspera, sem as preocupações diárias de ter um teto decente sobre a cabeça e o suficiente para comer.

Emmanuel, a quem eu carinhosamente chamava de Manu, era quem sempre me incentivava a não desistir de meu povo e meu continente. Só quem é de um país pobre consegue entender como é ver seu povo sofrer com a pobreza, o desrespeito e o "cuidado" paternalista decorrente. Naquela época, eu não entendia tudo que entendo hoje. Eu estava presa na imensa dor e no ressentimento. Naqueles tempos, eu acreditava que estávamos presos na pobreza por causa da escravidão e do colonialismo. Foi só mais tarde que eu entendi que, embora essas coisas tenham sua parte na causa de sermos pobres, não são os únicos problemas.

Sendo uma mulher senegalesa casada com um francês, morando nos Estados Unidos, aos vinte e poucos anos eu muitas vezes me sentia oprimida pela disparidade de riqueza entre meu país e os outros dois. Manu e eu conseguimos comprar uma casa em Los Altos, um dos lugares mais ricos dos Estados Unidos. Socialmente, éramos muito conhecidos, mas eu sabia que muito do que as pessoas consideravam bom em mim atribuíam a meu lado francês. Eu tinha estilo europeu, apreciava a culinária francesa e meus modos eram da burguesia francesa. A maioria dos norte-americanos não parecia respeitar a africanidade. Existem fortes estereótipos raciais afro-americanos, por um lado, e estereótipos pretos africanos, por outro (como "tribal", "bárbaro", e "patético e faminto"). Culturas africanas distintivas são quase totalmente invisíveis para a maioria dos norte-americanos, pretos e brancos.

O fato é que os senegaleses têm um estilo impressionante. A culinária senegalesa é deliciosa, e muitos senegaleses têm uma imensa nobreza de porte e maneiras refinadas. O povo senegalês parece da realeza, pobre ou não. Mas como os estereótipos sobre os africanos nos mostram como bárbaros, qualquer coisa boa sobre mim necessariamente tinha que ser francesa aos olhos da maioria dos norte-americanos. Sem dúvida, eram todos liberais, gentis e respeitosos, mas, mesmo assim, a suposição padrão era que os africanos eram tribais ou, infelizmente, provinham de países patéticos. Os mais gentis ainda tendiam a pensar que eu vinha de uma cultura na qual nossos filhos morriam de fome.

Sim, a África é o continente mais pobre, mas, ainda assim, temos classe média, classe alta, arte, cultura, tecnologia, manufaturas etc. Não estamos onde gostaríamos, longe disso, mas não somos aquelas crianças cobertas de moscas dos cartazes do Unicef.

Mas foi bom saber que a maioria dos norte-americanos tinha esses estereótipos sobre os africanos graças a gerações de fotos tribais da *National Geographic* e de inúmeras imagens de campanhas do Unicef e outras instituições de caridade bem-intencionadas. Eu precisava saber contra o que estava lutando para lutar de uma maneira efetiva.

Porém, antes de estar pronta para lutar, primeiro passei por uma fase de negação do problema. Eu me convenci de que essa não era minha cruz e que não cabia a mim consertar essa injustiça. Era grande demais; parecia insolúvel. E quem era eu para tentar mudar? Eu também tinha uma vida para viver e merecia vivê-la; construir uma vida para mim.

Mas... por que aqueles que nasceram na América do Norte ou na Europa podem curtir a vida? O único trabalho deles neste mundo é construir uma vida boa para si mesmos e suas famílias. Por que eu não podia simplesmente fazer o mesmo? Não era justo. Era reprovável e assustador.

Manu me dizia que ninguém escolhe o lugar em que nasce e que, no fim, somos todos um. Ele dizia: "Eu entendo. Você sente a injustiça. Enquanto isso, eu sinto culpa. Nós dois sentimos que existe uma grande injustiça, o que significa que há um erro para corrigir. Não sei ainda qual é sua parte em tudo isso, mas sei que há uma. Até descobrirmos, você tem que manter seu coração aberto, continuar acreditando em si mesma e em seu povo, como dizia sua avó."

Ele sabia que mencionar minha avó era sempre um grande bálsamo para meu coração e me enchia de coragem. Então, eu reagia e aceitava que algo precisava ser feito. Eu não sabia como responder, ainda, mas manteria a mente e o coração abertos.

Até que algo aconteceu. Num lindo sábado, decidi dar uma volta de carro pela costa norte da Califórnia, pela Highway One. Era uma tarde maravilhosa. Eu estava sozinha no veículo, dirigindo pela estrada sinuosa que fica no alto, com o majestoso Oceano Pacífico abaixo, espalhando-se até onde a vista alcança. O sol quente batia em meu rosto. Youssou N'Dour, vencedor do Grammy senegalês, tocava em meu aparelho de som.

Estava tudo ótimo. Eu experimentava uma imensa sensação de realização. Emmanuel e eu havíamos sobrevivido aos primeiros anos da empresa dele, havíamos trabalhado muito e valera a pena.

Depois de um ano ou mais ajudando os meninos no início da empresa, eu seguira minha carreira, trabalhando principalmente como *headhunter* na área financeira. Eu trabalhava em uma multinacional de recrutamento especializada em finanças (na época, Accountants On Call, ou AOC, e agora Ajilon Finance, que faz parte da Adecco, uma grande empresa multibilionária). Havia escolhido essa empresa porque meu território seria o Vale do Silício, e eu adorava a ideia de trabalhar com *startups*. Logo estava trabalhando com clientes como Google e Netflix antes de se tornarem nomes conhecidos. Na época, essas empresas tinham salinhas pequenas em lugar nenhum, ninguém sabia o que se tornariam. E eu estava indo muito bem. Muito bem.

E pensar que, a princípio, a empresa não quis me contratar porque, segundo ela, meu sotaque francês era muito forte e meu inglês era muito ruim! (Ou devo dizer meu "inglês norte-americano" era muito ruim, dado que meu sotaque era britânico.) Aqueles que tomavam a decisão sobre contratação viam que eu tinha ótimas habilidades de vendas, mas temiam que minhas habilidades de comunicação não estivessem à altura. Fiquei desolada, mas o diretor decidiu me dar uma chance. E adivinhe só. Fui a Novata do Ano da empresa toda, entre milhares de pessoas, logo em meu primeiro ano!

E a partir daí, só melhorou.

A garotinha de um vilarejo africano remoto era um sucesso no Vale do Silício, fonte da maior revolução econômica da história moderna! Ao contrário da Revolução Industrial, que surgiu do uso crescente de máquinas, a Revolução Digital foi alimentada por ideias. Bilionários brotavam como flores silvestres. E lá no vale, como se diz agora, eu estava arrasando!

Não pude deixar de sentir o calor da vingança no coração enquanto dirigia por aquela linda costa. Contudo, de repente, a ficha caiu. Isso acontecia com muita frequência quando eu começava a sentir orgulho e alegria por mim mesma e por meu trabalho: meus pensamentos se voltavam para o Senegal, para o povo senegalês. Então, fiquei triste, sombria e arrasada, como sempre acontecia.

Entretanto, dessa vez, havia algo diferente na intensidade da dor que eu experimentava. Foi um golpe tão violento que eu quase perdi a direção e saí da estrada. Se eu não houvesse controlado a tempo, certamente teria acabado no mar lá embaixo. Eu tremia, e parei na primeira oportunidade, assim que encontrei uma estrada secundária. Então, chorei, chorei e chorei. Simplesmente não era mais capaz de conciliar a vida de abundância que me era oferecida nos Estados Unidos com a escassez que existia em minha casa no Senegal e na maior parte da África. Sim, eu trabalhara muito para chegar onde estava, mas não fazia diferença; o povo da África também trabalhava muito. Eu estava tão arrasada que me sentia sufocar.

Saí do carro e fui até a beira do precipício. Fiquei olhando para o oceano. Naquele momento, algo aconteceu. Não tenho explicação para isso, mas fiquei ali, olhando a imensidão do oceano, e comecei a sentir a totalidade e a vastidão do mar entrar em mim pelos poros de minha pele. À medida que me preenchia, fui me sentindo superleve, mas com o pé no chão ao mesmo tempo. Foi naquele exato momento que fiz um pacto com Deus: *Deus, eu me rendo. De agora em diante, juro dedicar cada respiração minha à melhoria de minha pátria. Não sei o que fazer nem por onde começar. Por favor, mostre-me o caminho. Por favor, coloque-me em uso.*

Voltei a meu carro, dei meia-volta e dirigi para casa. Tudo estava diferente. E tudo seria muito diferente dali em diante.

5

Déggal ndigal i ñett, bàyyil ndigal i ñett
(Siga o conselho de três pessoas
e ignore o conselho de outras três)

Deus deve ter me ouvido. Poucos meses depois, Emmanuel e eu fomos ao Senegal para que ele conhecesse meu *thiossane*. Em wolof, *thiossane* significa as origens da cultura e da humanidade. Quando alguém lhe pergunta onde está seu *thiossane,* está se referindo a sua história e à dos seus. É um conceito que vai muito além do lugar onde a pessoa nasceu; estende-se à cultura do lugar e a todas as pessoas que passaram por ele.

Quando garota, eu voltava ao Senegal regularmente com meus pais, e via minha avó com alegria todas as vezes. Até que ela morreu, quando eu era adolescente. Uma das tragédias de viver no exterior foi que eu não pude ir ao funeral dela. Ela simplesmente se foi.

Depois do rompimento com meus pais, eu não voltara mais ao Senegal. Muita coisa havia mudado em minha vida: primeiro, o fato de ir morar nos EUA e começar minha carreira, e depois, começar uma nova vida em São Francisco com meu amado. Era a primeira vez que eu voltava a meu país de origem como uma adulta independente.

Estava muito animada para mostrar meu país a Manu, apresentar meu povo e vê-lo viver entre nós. Queria que ele experimentasse o lendário *teranga* senegalês — "hospitalidade" em wolof. O povo do Senegal é conhecido por seu *teranga*, e temos até um suco para representar isso: uma bebida feita de hibisco!

Imagine meu choque quando chegamos e descobrimos que os habitantes locais — meu povo! — nos ofereciam bebidas de marcas ocidentais, em vez do suco de boas-vindas.

Eu dizia: "Que diabos! Eu quero *bissap*." Eles me olhavam incrédulos, sem entender. A maioria preferia marcas ocidentais aos produtos locais. Era assim que os senegaleses mostravam seu status. Para a elite, significava comprar marcas ocidentais importadas, como Coca-Cola, Pepsi e Fanta, enquanto a base da pirâmide adquiria imitações da China, Índia, Arábia Saudita etc. Nossas bebidas nativas estavam sendo substituídas.

Como pessoa passional que sou, adoeci. Literalmente. Fiquei doente de decepção diante do complexo de inferioridade de meu povo, doente de raiva pelas razões desse complexo de inferioridade e doente de desesperança. Durante três dias, meu corpo desligou. Fiquei terrivelmente deprimida. Não queria mais fazer parte deste mundo. *E agora?*, pensava. *Agora, estamos perdendo até as lindas coisas de nossa cultura.*

O desaparecimento dessa bebida local também significou o desaparecimento do sustento daqueles que vendiam o ingrediente básico: o hibisco. Com a principal fonte de renda perdida, muitos deles (principalmente mulheres) estavam deixando as aldeias para se amontoar nas grandes cidades. Longe da família e dos amigos, eles se veriam jogados no coração da pobreza de uma cidade. Em seu vilarejo, no mínimo, eles sempre teriam um lugar para dormir, mesmo quando estivessem sem sorte.

Isso só aprofundava o ciclo vicioso da pobreza. Por quê? O que nós, pretos africanos, fizemos ao universo para ficar enredados nesse miasma tão profundo que parece não ter saída?

Eu estava furiosa e não tinha para onde direcionar minha fúria. Exceto para mim mesma, acho; ela se manifestou em mim e fiquei de cama três dias. Até que Emmanuel, tão sábio como sempre, me disse: "Essa raiva é energia, mas é energia negativa. Você precisa encontrar uma maneira de transformá-la, para que se torne energia positiva e inspiração."

Ele estava certo! Eu me levantei, e então, um ensinamento que aprendera quando era pequena voltou a minha memória: a ideia de "criticar criando". Ninguém deve ficar sentado reclamando, sem objetivo, improdutivamente.

Fui criada com a ideia de que a única forma válida e respeitável de reclamar é oferecendo uma alternativa. Não precisa ser a alternativa certa, mas o processo de pensar em soluções coloca a pessoa em um estado mental muito especial. É nesse estado mental que uma solução viável pode surgir.

O caminho a seguir estava começando a fazer sentido.

Eu tinha dois problemas para resolver: 1) minhas amadas bebidas nativas, como as de hibisco e de gengibre, estavam desaparecendo em favor de marcas ocidentais, 2) as mulheres vinham perdendo seus meios de subsistência por causa disso. De modo que eu tinha que fazer alguma coisa que não só trouxesse essas bebidas de volta como também devolvesse o trabalho a essas mulheres.

Minha ideia era simples: eu criaria uma marca cujos produtos seriam essas bebidas autóctones (mas modernizadas para o paladar do século XXI). Incorporado em seu DNA estaria o melhor de minha cultura senegalesa. Eu compraria a matéria-prima no Senegal, especificamente dessas mulheres agricultoras. E se chamaria *Adina*, que em wolof significa "vida" em sua dimensão filosófica.

Eu criaria a Adina para ser uma marca amada e respeitada no Ocidente. Quando ela voltasse para a África, as pessoas diriam: "Meu Deus! Ouvimos dizer que o pessoal no Ocidente está bebendo isso agora", o que faria meu povo valorizar seus próprios produtos. Eu queria "colonizar ao contrário" meu próprio povo.

Quando retornei aos Estados Unidos, eu tinha o nome da empresa, uma linha de produtos com pelo menos duas receitas e um plano de ação. Emmanuel ficou muito feliz ao ver que eu havia encontrado um novo propósito. Naquela época, Manu e eu achávamos que era justo e certo eu tentar concretizar minha ideia. Eu fora a válvula de segurança quando ele estava começando sua empresa, agora era minha vez. Pedi demissão e, juntos, amealhamos US$ 50 mil para eu começar.

Rapidamente comecei a refinar minhas ideias. Eu mesma fiz as receitas em casa, criando muitas variações. Tanto para a flor quanto para o gengibre, experimentei diferentes quantidades e tipos de adoçantes e sucos de base, como abacaxi, banana ou goiaba, ou só hibisco ou gengibre puros. Algumas ficavam com um roxo lindo, ao passo que outras pareciam suspeitas. Selecionei todas as receitas de bebidas de aparência e gosto de bom a ótimo e convidei alguns amigos para servir de cobaias. Minha primeira medida de sucesso foi que ninguém adoeceu.

Logo, nossa geladeira e todo o espaço na despensa e nos armários da cozinha estavam tomados por minhas amostras de concentrados e sucos congelados, ervas liofilizadas*, purê de gengibre, flores de hibisco e os vários tipos de garrafas que eu estava testando.

Comprei alguns *coolers*, e todos os dias visitava mercados levando amostras. Os resultados foram bem animadores e, assim, eu soube que poderia continuar me esforçando mais.

Com o tempo, reduzi as possibilidades a alguns produtos que me deixaram satisfeita. E aí, a parte divertida acabou. Era hora de começar a trabalhar.

Descreverei aqui, detalhadamente, todas as dificuldades que enfrentei, porque meu propósito não é ensinar os outros a entrar no ramo de bebidas, e sim explicar meu caminho como empreendedora. Portanto, vou dizer o que qualquer um que abre uma empresa pode esperar: trabalho duro, sim, mas muito mais. Há momentos de terror e longos períodos de trabalho penoso. Há tensão sobre a saúde e a paz da família. Há muita construção de relacionamentos, desde os CEOs que podem erguer ou destruir você até os adolescentes que abastecem as prateleiras dos supermercados.

Há a terrível ansiedade que surge quando você vê seu capital saindo de sua conta bancária. Há noites sem dormir imaginando quanto tempo vai demorar até você ser obrigado a desistir.

E há as relativamente poucas alegrias. Lembre-se disto: se você quer abrir uma empresa e pensa que basta criar um produto ou serviço e vendê-lo, não é bem assim. Essa é uma parte da verdade, mas a maneira melhor e mais precisa de antecipar o que está por vir é saber que empreendedores resolvem problemas. Centenas de problemas. Se você for bem-sucedido, milhares.

É tudo o que fazemos, sem parar, o dia inteiro (e à noite na cama, quando é impossível dormir).

Essa é a parte difícil. Mas também a melhor parte.

Tenho que acrescentar que bem depressa você desenvolverá um ódio profundo e duradouro por muitas pessoas que acreditam que apontar problemas é uma contribuição para nosso esforço. Elas têm prazer e grande orgulho de dizer: "Isso não vai dar certo porque...". Livre-se delas imediatamente.

Há outros prazeres que são compartilhados. Convoquei amigos para me ajudar a definir que tipo de entidade jurídica escolher, e outros amigos me ajudaram a lidar com a contabilidade, a elaborar o plano de negócios e a cuidar das finanças.

---

* Desidratadas. Liofilização é o processo de desidratação por meio de congelamento brusco e alta pressão no vácuo (dicionário Michaelis).

Encontrei um cientista de alimentos muito talentoso, que havia desenvolvido todas as receitas do chef austríaco Wolfgang Puck e outros grandes nomes. Nós nos demos muito bem.

Não foi fácil, mas acabei encontrando uma engarrafadora, a J-Liebs Foods, com sede em Forest Grove, Oregon. Liguei para a empresa e expliquei o que estava fazendo. A recepcionista me passou para o gerente de contas, que era um homem maravilhoso. Ele me disse que era problemático trabalhar com hibisco, mas também me garantiu que poderia ser feito, se seu chefe concordasse.

— Jim não é um cara fácil, mas é uma boa pessoa — afirmou o gerente de contas. — Esta aqui é uma ótima empresa; é minha família há muitas décadas. Eu a aconselho a falar com Jim e marcar um horário para conversar pessoalmente. Eu ouvi o que você me disse, e se falar com ele do jeito como falou comigo, provavelmente ele vai topar.

Então, eu pedi que ele me passasse para Jim.

No começo, ele não foi receptivo. Eu disse que queria conversar, levar umas amostras e discutir meu plano pessoalmente, porque era o certo antes de ele dizer "não". Jim sabia que eu estava na Califórnia, mas, mesmo assim, marcou às quatro da manhã alguns dias depois. Maravilha! Eu estaria lá.

Esse é o horário em que começa o dia deles na fábrica. Leva algumas horas para preparar todas as máquinas, separar e pesar todos os ingredientes e deixar tudo pronto. Emmanuel, um grande apoio para mim, decidiu viajar comigo.

No dia da reunião, chegamos lá às 3h30 da manhã. Meus olhos delatavam meu sono. Eu não havia dormido nada na noite anterior porque estava muito ansiosa. Grande parte de meu empreendimento dependia da anuência daquele homem.

Pensando nisso agora, foi muito engraçado. Na sala de espera, havia revistas de caça por todo lado, além de revistas de armas e bichos empalhados nas paredes — troféus de caça.

Nada disso deveria ter me incomodado, porque eu já havia visto essas coisas em muitos lugares em visitas aos parentes de Emmanuel na França, que eram todos caçadores. Na França, não era assustador, mas ali, na parte rural dos EUA, não me deixava nem um pouco à vontade. Seria, talvez, porque a mídia dos EUA gravara em minha cabeça a ideia preconceituosa de que pessoas brancas com armas que vivem na área rural são todas racistas e supremacistas brancas? É fascinante como os estereótipos funcionam. Olhei para Emmanuel e disse em francês:

— Manu, estou com medo. Que diabos é isto? Você viu essas revistas de armas? Que lugar é este? Pessoas assim não gostam de pretos. Talvez isto seja um erro.

Eu começava a entrar em pânico.

Mas Manu respondeu, também em francês:

— Está tudo bem. Muita gente no noroeste do Pacífico caça, fique tranquila. Eu estou aqui. Todo mundo caça em minha família. Vou conversar sobre caça com ele. Mas acalme-se; você está muito acostumada a viver no norte da Califórnia. Estas são pessoas reais, como na França.

Minutos depois, Jim Liebs chegou. Vestido como um caçador! Mas respirei fundo, levantei-me e apertei sua mão em meu característico estilo "vou esmagar seus ossos", do jeito que aprendi com meu pai. Ele não esperava por isso, mas senti que gostou.

No começo, achei que o fato de Emmanuel ser francês não seria favorável a nós. Mas, mais uma vez, eram meus estereótipos falando. Por alguma estranha razão, sempre pensei que os liberais progressistas gostassem de culturas diferentes e amassem a cultura europeia, sendo a francesa a melhor de todas. Porém, achava que era o oposto para a área rural. Para mim, eles consideravam os franceses, sobretudo os homens, uns *frogs* (sapos, um termo negativo às vezes usado em referência aos franceses), covardes, que não enfrentaram o regime nazista e precisaram que os norte-americanos fossem salvar sua pele. Mas Emmanuel, que estava supertranquilo, começou a falar sobre caça com Jim.

Fiquei observando Emmanuel enquanto os dois riam das próprias histórias. Eu já havia aliviado muitas situações para Manu antes e, dessa vez, ele estava fazendo o mesmo por mim. Sentia-me muito grata, maravilhada com a dupla que formávamos. A atmosfera era realmente descontraída, de modo que eu aproveitei.

Conversamos e nos demos bem. Jim gostou de meu jeito estranho e eu gostei do jeito estranho dele. Ele é uma pessoa direta, e essa é uma coisa que eu amo nas pequenas empresas norte-americanas: as pessoas podem ter suas imperfeições, mas são honestas e trabalham duro pelo que têm. E isso é algo que respeito muito.

Enfim, notava-se que ele era honesto e trabalhava muito duro. Jim marcara comigo às quatro da manhã para que eu pudesse ver como funcionava a produção. Eu cheguei às 3h30, e acho que ele gostou disso.

Conversamos um pouco, e eu disse:

— Serei sua menor cliente.

— Não se preocupe com isso. — Ele sorriu.

Eu o convencera a me aceitar. Foi ótimo. Eu havia negociado tudo e finalmente tinha uma empresa, um negócio viável.

* * *

Depois de colocar a última peça do quebra-cabeça da produção em meu plano, decidi que queria um sócio. O empreendedorismo é uma estrada difícil, por isso, é bom ter um sócio. Quando um desanima, o outro incentiva e vice-versa. Eu via Emmanuel e seu sócio, Pierre, fazerem isso um pelo outro. Minha escolha natural foi Manu, mas ele simplesmente respondeu: "Estou feliz com você como esposa e gostaria de manter assim. Por isso, não posso ser seu sócio." Bem, pelo menos isso estava claro, e eu não podia discordar de seu argumento. Mas o fato era que eu precisava arranjar um sócio. Eu tinha muitos detalhes para incrementar a ideia, especialmente se alguém já houvesse criado a versão básica.

Fui me sentar a minha mesa e fiz um gráfico com tudo que eu queria de um sócio. Meus critérios abrangiam desde as várias habilidades até os princípios. Para mim, era importante trabalhar com uma pessoa que entendesse que eu estava tentando servir a uma causa maior. Meu objetivo não era apenas a maximização do lucro; instintivamente, eu já era uma "capitalista consciente", apesar de que só fui ouvir falar desse movimento e me envolver com ele mais tarde. Sem dúvida, o negócio precisava ser superviável financeiramente; caso contrário, não funcionaria e eu não conseguiria fazer todo o bem que queria fazer. Mas esse não era o objetivo final para mim.

Eu queria um sócio que fosse movido por um propósito, acima de tudo. Não queria alguém que dissesse: "Por que nos preocupar em criar uma cadeia de suprimentos na África, com todo o tempo e esforço que isso exigiria, se podemos simplesmente comprar a mesma matéria-prima de um fornecedor chinês, que é muito mais barato e rápido?" Eu não podia fazer isso porque as mulheres africanas que queria ajudar ficariam sem acesso ao mercado. E era exatamente isso que eu estava tentando mudar.

Precisava encontrar um sócio que não apenas entendesse isso, mas que concordasse e me ajudasse a encontrar uma maneira de incorporar isso à economia da empresa.

Eu tinha alguns nomes na lista de possíveis candidatos, mas a única pessoa que preencheu todos os requisitos de meus critérios foi Greg Steltenpohl, cofundador da Odwalla, que havia sido vendida para a Coca-Cola alguns anos antes. Decidi que ele era o homem. Como o destino quis, um amigo meu me convidou para uma conferência porque o fundador da Tazo, outra empresa de bebidas especiais, ia falar. Ele achou que eu poderia aprender algumas coisas ouvindo-o.

Quando a conferência começou, ele disse:

— Ah, Greg também vai falar.

Fiquei muito surpresa e perguntei:

— Você o conhece?

— Sim. Ele investiu em nossa empresa. Posso apresentá-lo a você, se quiser.

Uau! No final da conferência, muitas pessoas fizeram fila para falar com os palestrantes. Decidi esperar na lateral com meu amigo, até que todos fossem embora, pois não queria ser mais uma *groupie*. Quando finalmente cheguei a Greg, disse a ele brevemente que tinha uma empresa de bebidas de inspiração africana que talvez lhe interessasse. Ele me deu seu cartão e pediu que eu entrasse em contato em duas semanas. Duas semanas depois, entrei em contato, e ele me convidou para encontrá-lo em sua casa.

A esposa dele também estava lá e participou da reunião. Ela era francesa, então nos demos bem. Antes que eu terminasse de explicar minha ideia, ele indagou:

— Como posso fazer parte de seu projeto?

Eu já tinha meu sócio — ele e a esposa. Dei a eles 20% da empresa. Estávamos decolando.

Mas logo cometi alguns erros. Graves.

Pouco tempo depois, Greg me disse:

— Magatte, isso não é justo, porque estou trabalhando muito.

— Tem razão. Você fica com 40%, então. — Eu ainda seria a majoritária.

Mas a esposa dele, Dominique, também trabalhava muito, tanto quanto nós. Eu achava que todos estavam trabalhando igualmente.

Sim, admito, sou generosa demais. Depois de um tempo, eu disse a eles que dividiríamos a empresa em três partes praticamente iguais; eu ficaria com 10% a mais por meu papel de fundadora.

Faça as contas. Greg e Dominique tinham 30% cada, e eu tinha 40%. E eles eram casados. E nós três éramos os únicos membros do conselho.

Entenda, eu estava muito animada. Quando Greg entrou na empresa, decidimos acelerar. Sabíamos que poderíamos levantar todo o dinheiro do mundo para essa ideia. Greg disse que poderíamos fazer em cinco anos o que ele levara 24 anos para fazer sozinho. E fizemos.

Originalmente, queríamos apenas US\$ 1 milhão de familiares e amigos para desenvolver o conceito, mas em dois meses, tínhamos US\$ 2 milhões.

Mas quando estávamos fechando o financiamento, Manu morreu.

Enquanto escrevo isto, a dor me domina de novo. É a mesma dor que senti naquele dia.

Como não tive notícias de Manu o dia todo, fiquei preocupada e ansiosa, com a terrível sensação de que algo havia acontecido. Em casa, liguei para os colegas dele, para a polícia e os hospitais, pensando que Manu poderia ter sofrido um acidente de carro.

Ninguém sabia de seu paradeiro.

Eu queria pegar meu carro e ir procurá-lo, mas onde? Por onde começar?

No início da noite, eu já estava pirando. Para não enlouquecer de vez, decidi arrumar algo para fazer e fui recolher as folhas mortas do jardim.

De repente, uma van parou em frente a minha casa. Uma mulher desceu e veio em minha direção, perguntando:

— Você é Magatte Wade?

Eu disse que sim. Vi um distintivo no peito dela: "Médica-legista". Entendi imediatamente e corri de volta para dentro de casa, tranquei a porta e joguei o peso de meu corpo sobre ela, para ter certeza de que ninguém conseguiria abri-la. Se eu não ouvisse as palavras, talvez não fosse verdade e Manu ainda estivesse ali.

Não posso deixá-la entrar. Não consigo ouvir o que ela tem a dizer. Mas eu ouvi. Do outro lado da porta, ela ficava repetindo:

— Senhora, sinto muito! Sinto muito.

A dor foi tão grande naquele momento que literalmente me sufocou, tanto que abri a porta em busca de um pouco de alívio e caí nos braços dela. Mas continuava sufocando.

Tristeza, dor, raiva, medo, perda — tudo isso me invadia.

Comecei a bater nela. Com toda a minha força. Ela ficou ali e me deixou extravasar. Quando me cansei, ela me levou para o sofá e se sentou comigo, e me abraçou enquanto eu soluçava inconsolavelmente, só ela e eu. Até que, por fim, uma amiga chegou para cuidar de mim. Mais tarde, quando pedi desculpas à mulher, ela disse que ela era quem devia se desculpar por ser a portadora de uma notícia tão trágica. Seu trabalho era muito difícil.

Ela me disse que meu Manu havia pulado de uma ponte. Ele já havia sofrido de depressão antes; de fato, nós antecipávamos a chegada da doença todo outono. Naquele ano, porém, ela chegou antes e foi pior que o normal. Mas eu não esperava de jeito nenhum uma notícia dessas. Parte meu coração pensar na dor que ele deve ter sentido. Eu conversei com muitos sobreviventes de suicídio depois que Manu morreu, na tentativa de entender, e o que todos me disseram foi que, em algum momento, um interruptor acionou na mente deles uma dor, uma dor ardente que os fez querer "sair da própria pele" para fugir dela. Como imaginar tamanha dor? Meu pobre Manu...

Ela também se desculpou por não conseguir tirar a dor de mim. "Você é jovem demais para isso", disse. Ela era uma senhora com idade para ser minha mãe. Enquanto escrevo estas palavras, sinto uma imensa gratidão por sua humanidade durante aqueles momentos, e fico me perguntando onde será que ela está hoje.

Estou revivendo essa dor agora. Sei que não há nada que eu possa fazer, ela seguirá seu curso e passará... até a próxima vez, pois ela é parte de mim e de minha história.

Essa experiência me moldou de muitas maneiras. Estou ligada a Emmanuel de um jeito visceral, cósmico. Naquele dia, por volta das 12h, eu senti uma dor terrível em todo o corpo. Foi tão violenta que tive que me deitar no sofá, dobrada ao meio, encolhida, em posição fetal. Mais tarde, descobri que foi o momento exato em que o coração de Emmanuel parou e ele foi declarado morto. Fiquei arrasada.

Manu morreu na época de Natal. Não havia espaço nos aviões para levá-lo para a França. Foi um pesadelo burocrático e logístico. Os pais de Manu insistiram que eu fosse para lá imediatamente para que pudessem cuidar de mim, ou viriam me buscar. Mas eu não queria que eles viessem me buscar, e não queria voltar sem Manu.

Por fim, minha sogra resolveu o impasse dizendo que não havia mais nada que qualquer um de nós pudesse fazer por Manu. Assim, peguei um voo logo que terminei os arranjos com a funerária, e dei uma procuração para o melhor amigo de Manu para cuidar do resto da papelada. Na França, esperamos dias até Manu finalmente chegar. Estava tudo pronto para o funeral, e o sepultamos em 31 de dezembro de 2004, em sua aldeia natal, onde ele jaz de frente para um lindo prado.

Logo após o enterro, os anciãos de minha família me convocaram ao Senegal para me ajudar a viver o luto do jeito tradicional nosso. Eles não queriam que eu ficasse nos Estados Unidos tomando medicamentos. Os sábios de meu país costumam dizer: "No Ocidente, as pessoas esqueceram que a Morte faz parte da Vida. Ninguém se lembra de que, no momento em que alguém chega a este mundo, está irrevogavelmente caminhando em direção à Morte. Ninguém pensa muito na Morte e, sem dúvida, a maioria das pessoas não está pronta para ela. A maioria não sabe como lidar com a Morte." E os meus anciãos me disseram: "E como você vive aí há muito tempo, também se esqueceu dela".

Passei um mês no Senegal, chorando todos os dias e dando meu melhor para encarar as novas circunstâncias. Sentia uma falta terrível e inconsolável de meu marido.

Durante sete anos, fomos consumidos pelo amor e pela criação de nossas empresas. Filhos, só mais tarde, pensávamos. E agora, eu nunca poderia ser a mãe de seus futuros filhos. Ficamos todos arrasados. A mãe dele estava aprendendo inglês para poder falar com nossos filhos. Tínhamos planos de mandá-los para a França nos verões para ficar com os avós e depois iriam comigo para o Senegal. Tínhamos um futuro inteiro planejado, mas, de repente, foi tudo completamente destruído, perdido.

Quando voltei aos Estados Unidos, estavam todos muito tristes e preocupados comigo. Mas o pessoal da Adina decidiu me deixar tirar um tempo, e eu tinha a bênção de todos para largar tudo, se fosse o que eu quisesse. Ninguém queria que eu abandonasse o barco, mas todos se importavam apenas com meu bem-estar. Se para isso eu tivesse que largar tudo, eles dariam um jeito de continuar.

As lembranças não me abandonavam. Eu não tinha mais desejo por nada. Só o que eu tinha era uma dor no coração, uma terrível sensação de injustiça. Eu estava desesperada para dizer a Emmanuel como sentia sua falta. Nenhum ser vivo, nada nesta Terra poderia me fazer recuperar o gosto pela vida de novo. Não toquei em comida nas duas primeiras semanas após a morte de Emmanuel, e durante aquele mês na África mal me alimentei. Verdade seja dita, eu só queria morrer. Não via sentido em continuar vivendo.

Por fim, decidi não continuar na Adina. Eu não sabia o que queria ou o que faria, mas não tinha forças para prosseguir. Contaria a meus sócios e investidores mais tarde, mas, primeiro, precisava reunir coragem e força e contar às mulheres, as produtoras das cooperativas que nos forneciam o hibisco. Naquela época, eram quatrocentas mulheres organizadas em uma dúzia de cooperativas, com uma presidente cada. Eu ia ao Senegal quase todo mês para ajudá-las a desenvolver a capacidade de produzir a quantidade de que eu precisava.

Fui me reunir com as presidentes. Elas haviam ouvido falar da tragédia e queriam vir me ver, mas eu não queria ver ninguém.

Quando lhes disse que ia parar, elas ficaram muito tristes. Mas o que poderiam dizer? Elas viam que eu me encontrava totalmente destruída. Quando estava indo embora, a mais velha foi atrás de mim. Caminhamos juntas devagar, em silêncio. De repente, ela pegou meu braço direito; eu parei. Ela me pediu que olhasse para ela, mas eu não conseguia. Sentia-me muito culpada. Ela pediu de novo. Olhei-a nos olhos. Seu rosto, apesar das rugas dos anos longos e difíceis, também tinha o brilho de uma verdadeira crente. Sempre me impressionei com a resiliência de meu povo. A fé é mágica; faz as pessoas sobreviverem às mais difíceis provações.

Ela me olhou e me disse:

— Criança, sei que você está sofrendo muito. Depois de perder um filho, perder a pessoa amada é a coisa mais dolorosa. E você é só uma criança ainda. Senhor, é difícil, eu sei! Sei que você está cansada, perdida, provavelmente com raiva das circunstâncias. Mas tenho certeza de que seu marido gostaria que você continuasse, porque é isso que aqueles que realmente amam querem para as pessoas que ficam quando eles se vão. E aquele homem te amava. Ele gostaria que você continuasse. Todas nós queremos que você continue. Na verdade, precisamos que você continue. O que faremos sem você? Se puder lhe dar algum conforto e significado em momentos em que você questionar sua presença nesta Terra, lembre-se disto: sua presença aqui importa. Simples assim. Somos quatrocentas pessoas que confiam em você. Ajude-nos e nós a ajudaremos também. Ajudaremos umas às outras. Por favor, reconsidere.

Ela ficou calada um instante e depois foi embora.

Fiquei ali parada na estrada de terra vermelha, a poucos metros de um dos campos de hibisco. Essa visão costumava me agradar imensamente. As flores de hibisco são magníficas. Estávamos fazendo aquela linda terra florescer. Mas daquela vez, eu chorava. Apenas chorava, sem saber o que fazer. Então, eu a observei caminhando de volta para as outras. Quanta dignidade! Aquela mulher devia ter conhecido muitas tragédias. Eu sei como é difícil viver no campo; a situação das mulheres rurais em países pobres é dura e pesada. A maioria das pessoas não sobreviveria a uma parte do que elas têm que suportar. Não pude deixar de admirar sua postura enquanto ela se afastava, cheia de honradez, sabedoria, confiança, esperança e fé — fé de que tudo ficaria bem.

* * *

Decidi continuar. Aquilo que eu estava fazendo era muito importante. Estávamos criando empregos em um sistema que os estrangula. Imagine o que essas mulheres enfrentaram: de todas as empresas no Senegal, talvez 5% delas operem legalmente. Os restantes 95% funcionam ilegalmente, só conseguem crescer até certo ponto antes que o governo perceba e comece a ameaçá-los porque não são regularizados.

Muitas das empresas legítimas são multinacionais francesas, com laços estreitos com pessoas que ocupam cargos políticos.

É aí que começa o problema: o Senegal tem algumas das leis mais protetoras do mundo para os funcionários, mas só no papel. Apesar dessas infinitas resmas de palavras, na realidade, os funcionários são tratados como lixo. E são tratados assim porque podem ser tratados assim. *Ah, você tem uma reclamação? A porta da rua é a serventia da casa. Pode ir, há uma centena de pessoas esperando para pegar seu emprego.*

E é verdade.

Alguns funcionários ficam sem receber quatro, oito meses, até um ano; reclamam, mas continuam lá. Vão ao sindicato e reclamam, mas ninguém pede demissão!

Vai pedir demissão para ir para onde?

Já vi lugares onde fica evidente qual é o banheiro dos funcionários. Você não gostaria nem que seu cachorro usasse esse banheiro. E isso é apenas um lado do descaso. O outro é a maneira como os funcionários são tratados: é puro abuso.

Se você vem do mundo exterior, é isso que vê. E mesmo se for da África, é isso que vê. E sua primeira reação é: *O governo tem que reprimir ainda mais! Precisa fazer mais leis!*

A maioria dos africanos vê isso e fica legitimamente indignada. E para a maioria dos africanos, é contraintuitivo entender que as leis trabalhistas são a razão pela qual tão poucas empresas se dispõem a ser formais. É por isso que tão poucas empresas estão dispostas a abrir negócios no Senegal e, consequentemente, não há empregos suficientes.

Como eu sempre digo: "Se não posso demiti-lo, não posso contratá-lo". Agora você entende por que a inflexibilidade apaga possibilidades?

É claro que a verdadeira tragédia de tudo isso, e o que eu mais quero que este livro ajude a mudar, é que a maioria das pessoas, ao ver as multinacionais francesas brancas controlando os bons empregos, chega à conclusão de que o "capitalismo" é o problema.

Mas estou aqui para gritar: *Nããããooooo!!!!!* Nós, africanos, somos pobres porque não nos foi permitido criar empresas — precisamente por causa da imensa burocracia governamental que é profundamente antiafricana. É por causa de tanta burocracia governamental que somente multinacionais poderosas, com seus advogados, conseguem se estabelecer. Por favor, por favor, por favor, meus amigos socialistas ocidentais, parem de apoiar os regimes regulatórios que estão nos matando!

***

Passei os anos seguintes, de 2005 a 2008, trabalhando mais que nunca. Quando os primeiros produtos foram lançados, era eu quem cuidava das vendas. Tenho certeza de que os que cruzaram meu caminho naqueles dias nunca se esquecerão da maluca de salto alto que carregava um grande *cooler* para cima e para baixo pelas ruas íngremes de São Francisco, indo praticamente de porta em porta com nossas bebidas. Mas eu gostava de conhecer os clientes, receber feedback e levá-lo para o resto da equipe.

Eu viajava pelos Estados Unidos; não era incomum visitar três estados em três dias. Às vezes, pousava em um aeroporto vazio à uma da manhã, mas estava sempre pronta para acompanhar um de nossos vendedores que ia de carro visitar clientes poucas horas depois. Foi difícil, mas eu me sentia privilegiada por fazer algo em que acreditava. Ainda estava de luto, mas era bom ter um propósito. Isso me ajudou a suportar.

Eu também viajava sempre entre São Francisco e Senegal para montar a cadeia de suprimentos do hibisco. Para nossos primeiros investidores, isso era uma necessidade, porque todos nós sabíamos que a força da marca estava ligada a essa parte da história: provém da África! Nós empregamos mulheres locais e fornecemos a elas acesso a uma maior independência econômica!

Tudo tinha que ser feito direito, portanto, tive que ajudar a organizar as produtoras senegalesas em grupos formais. Antes de eu chegar, elas estavam "uma aqui, uma ali", e isso não ia dar certo para o volume de que precisávamos.

Também tivemos que encontrar uma maneira de garantir a qualidade, de modo que tínhamos que modernizar e padronizar tudo.

E tínhamos mais uma tarefa: suportar o longo, complexo e caro processo de obtenção da certificação Orgânica e de Comércio Justo.

Evidentemente, as mulheres conseguiam cultivar lindos hibiscos com um pé nas costas, mas as certificações Orgânica e Comércio Justo tinham requisitos e procedimentos de manutenção de registros bem específicos. De modo que tínhamos de contratar especialistas para acompanhar nossas produtoras na implementação dos procedimentos corretos em cada etapa. Eu precisava de uma equipe inteira, mas não havia condições de contratar. Pesquisando, encontrei a ASNAPP — Agribusiness in Sustainable Natural African Plant Products (tradução livre: Agronegócio em produtos vegetais africanos naturais sustentáveis), uma organização da Universidade Rutgers, em Nova Jersey. Como o nome indica, o pessoal de lá se concentra em plantas e botânicos africanos, com ênfase na comercialização. Foi fundada por Jim Simon, que era o diretor do New Use Agriculture and Natural Plant Products Program (em uma tradução livre: Programa de Agricultura de Novo Uso e Produtos Naturais Vegetais) da Rutgers.

A equipe de Jim era exatamente aquilo de que precisávamos. Eles tinham até um escritório em Dacar, com uma equipe local de especialistas. Fui para Nova Jersey encontrá-lo. Ele ficou tão feliz em me conhecer quanto eu em conhecê-lo. "Você é exatamente a parceira de que estávamos sentindo falta", disse ele.

A ASNAPP tinha biólogos, engenheiros agrícolas e outros especialistas esperando para trabalhar, mas precisavam de clientes para os produtos que estavam ajudando os moradores locais a cultivar por toda a África. Assinamos um memorando de entendimento.

A maioria de nossas produtoras tinha pequenos lotes que produziam muito pouco para nossas necessidades. Precisávamos de terra, muita terra. Fui direto ao topo: eu me reuni com a primeira-dama do Senegal porque sabia que ela era entusiasta da ideia de as mulheres produtoras encontrarem a independência vendendo seus produtos agrícolas.

A senhora Viviane Wade era esposa de Abdoulaye Wade, que foi presidente até março de 2012. Fui vê-la porque o Senegal tem muita terra, e eu sabia que ela já estava interessada no *bissap*. Eu lhe disse que poderíamos transformar seu interesse em algo grande e ser o elo entre as produtoras e o cliente.

No final, foi uma bela parceria entre os setores público e privado. Foi tão bem-sucedida que o Programa das Nações Unidas para o Desenvolvimento escreveu um estudo de caso sobre nós. Ainda me surpreende ver que tudo funcionou!

Em três anos, estávamos com tudo pronto e no lugar, e conseguimos a certificação. Mandávamos contêineres de hibiscos para os Estados Unidos.

Em pouco tempo, tínhamos 4 mil mulheres trabalhando. Eu tinha muito orgulho daquelas mulheres incríveis. Não era fácil, claro. Às vezes, as produtoras cometiam erros. Uma remessa em particular quase nos levou à falência. Nunca esquecerei o dia em que Jim Lieb me ligou, furioso, dizendo que uma pedra que estava em uma de nossas sacolas de hibisco quebrara um equipamento muito caro, e ameaçou terminar nossa parceria. Não só havia uma pedra em uma das sacolas como também foi encontrado um pássaro morto em outra. E um dos filtros entupiu por causa dos cabelos das extensões que as mulheres usavam.

Fiquei louca de raiva, morrendo de vergonha, e peguei o primeiro voo para o Senegal. As presidentes de cada cooperativa foram me encontrar, e nos sentamos em círculo embaixo de uma árvore perto de uma das fazendas. O clima estava tenso, pois elas sabiam que minha presença ali não era muito tranquilizadora. Eu havia levado três amostras de flores de hibisco em saquinhos Ziploc; passei-as para elas e perguntei de qual mais gostavam. Todas apontaram a mesma. Era de um vermelho intenso e superlimpa. Todas elas criticaram uma das amostras, toda empoeirada e cheia de fios de cabelo.

Então, eu disse:

— Pois bem, essa é de vocês.

Elas ficaram horrorizadas.

— É! É sua.

Então, contei a elas o que havia acontecido, que a engarrafadora me chamara e estava ameaçando encerrar a parceria.

— Pensei que estávamos de acordo quanto ao que precisava ser feito. Achei que havíamos concordado que seríamos honestas. Então, por que uma de vocês achou que seria aceitável colocar uma pedra em uma sacola para aumentar o peso e receber por algo que não deveria ser pago? Achei que havíamos concordado em nunca deixar uma sacola sem vigilância até que fosse fechada. Estamos em uma fazenda; um pássaro pode descer procurando comida enquanto você está de costas, por um segundo que seja, e aí, você vira e fecha a sacola sem saber o que há lá dentro. Quanto aos fios de cabelo, pensei que também havíamos concordado em usar toucas. Nós compramos toucas para vocês, isso é inaceitável. Tudo isso simplesmente reforça os estereótipos que as pessoas têm de nós, africanos, de gente desleixada e pouco confiável. Definitivamente, nossa reputação está manchada. E é culpa nossa.

Estavam todas em silêncio, atônitas.

— Não posso fazer isso sozinha — continuei. — Cada uma de nós tem um papel a desempenhar. Se uma de nós relaxa, vai tudo por água abaixo. Estou lutando todos os dias para fazer com que dê certo.

Decidi que elas precisavam ouvir os fatos concretos:

— Vocês têm de entender com quem estamos competindo. Se eu quisesse esse hibisco de que todas vocês gostaram, que é o chinês, era só ligar para o importador e eu receberia tudo em duas semanas. Bastaria um telefonema e me custaria três vezes menos.

Elas me olhavam com os olhos arregalados. Eu estava tão decepcionada e chateada que as lágrimas começaram a rolar por meu rosto. Então, uma delas se levantou e disse:

— Criança, não chore mais. Nós vamos conseguir. Pela vontade de Deus, você ficará satisfeita daqui em diante.

Quando deixei o Senegal, eu sabia que daria tudo certo nessa frente. E deu. O hibisco daquelas mulheres passou a ter tão alta qualidade que outros fabricantes passaram a querer comprar também.

Quem quiser abrir uma empresa na África, ou em outras partes do mundo em desenvolvimento, precisa estar ciente de que essa história que contei não é incomum. Muita gente na África não tem compreensão dos padrões de qualidade do mundo ocidental e do que é preciso para alcançá-los. Não é porque os africanos são idiotas, mas porque, não tendo sido muito expostos aos padrões do mundo exterior, não desenvolveram a expertise e as habilidades necessárias para alcançá-los. Até hoje, muitos não entendem que seus padrões são muito baixos para os clientes ocidentais. Para muitas pessoas (africanas e não africanas), é um mistério como consigo importar nossos produtos para os Estados Unidos, dados os rigorosos requisitos dos clientes e varejistas (especialmente a Whole Foods).

Nossas mulheres, por outro lado, logo dominaram as normas para fazer negócios com outros países. Por exemplo, os clientes norte-americanos querem poder ligar para você. Mas em muitos países africanos, normalmente as pessoas preferem se encontrar pessoalmente. Não temos a cultura de construir relacionamentos por telefone. Admito: por causa de minha preferência cultural senegalesa, fui ficando cada vez mais infeliz à medida que o mundo se afastava da comunicação direta. Sempre prefiro me encontrar com as pessoas, mas consigo tolerar ter que construir relacionamentos comerciais por telefone. Não tive escolha a não ser me render à vontade e preferências

73

de meus clientes, porque o cliente sempre tem razão. A rendição foi "mais fácil" porque eu sabia que a cultura dominante a meu redor fazia negócios dessa maneira. Mas quando estava em casa, onde a cultura dominante realmente favorece reuniões presenciais em vez de qualquer outra coisa, eu me sentia à vontade em minha zona de conforto e tendia a não ter ideia de como acomodar os costumes de outra cultura do outro lado do mundo, nem a mínima vontade de fazê-lo.

Isso não torna fácil fazer negócios com o resto do mundo no século XXI.

Hoje em dia, especialmente nos Estados Unidos, a maioria nem quer falar ao telefone, prefere e-mails ou mensagens de texto. Eu queria poder fazer com que o resto do mundo abraçasse de novo as conexões pessoais. Minha cultura nunca as abandonou, e acredito que as pessoas são mais felizes operando dessa forma. Por enquanto, porém — e enquanto os clientes preferirem assim —, nós, como fornecedores, temos que entender e seguir as regras. O cliente é rei. No dia em que virarmos clientes, quem quiser vender para nós saberá que preferimos visitas presenciais e agirá de acordo.

Nós da Adina precisávamos unir as duas culturas para poder fazer negócios e garantir a integridade total de nossos produtos. Isso começou com a garantia de que fazíamos o trabalho de pós-venda com nossos clientes, mesmo que tivesse que ser feito por telefone ou e-mail. No Ocidente, isso é aceitável, considerado adequado e cortês.

E para seu cliente não interessa como você vai enviar as amostras. Você tem que enviá-las prontamente, rastrear o envio e ter certeza de que o cliente as recebeu. E uma vez feita a venda, cuide do cliente. Quanto maior a distância física e a diferença cultural, maior a necessidade de um excelente atendimento ao cliente em cada etapa.

Por essas razões, os produtos tradicionais costumam ser levados primeiro aos mercados dos EUA e Europa por alguém da Europa ou EUA. O mesmo acontece na América do Sul. Marcas como Guayaki ou Sambazon foram criadas por norte-americanos. Conheço os fundadores dessas duas empresas; são homens brancos da Califórnia que foram surfar na América do Sul. Esses caras, quando veem uma bebida nativa ou outro produto de que gostam, voltam e abrem uma empresa para fabricá-los. Enquanto isso, os nativos tomam Coca-Cola e deixam esses tesouros locais morrerem.

Veja o Red Bull, por exemplo. Um austríaco foi para a Tailândia e notou que os nativos tomavam uma bebida que lhes dava muita energia, e foi com base nisso que ele criou o Red Bull. Hoje, essa é uma marca multibilionária.

Acho ótimo o que eles fazem — todos deveriam buscar e aproveitar oportunidades onde quer que as encontrem. Se nós, os povos nativos, não vemos valor no que nos cerca, a perda é nossa. Se outra pessoa vê valor, pode explorá-lo; mas, idealmente, nós, nativos, é que deveríamos apresentar nossos produtos originais ao resto do mundo. É isso que estou tentando realizar.

* * *

Apesar das dificuldades, e apesar de meu luto, Greg, Dominique e eu fizemos a empresa decolar. Mas foi difícil. Não estou tentando me justificar, mas acho que não fui eu mesma durante anos. Se estivesse mais centrada, poderia ter impedido que certas coisas acontecessem, mas eu estava muito debilitada e deixei correr solto. Não digo que tenham sido necessariamente coisas ruins, mas elas foram levando o controle da empresa para longe. Perdi muitas oportunidades de insistir em abrir o conselho. Na época, isso não era um problema porque eu via Greg e Dominique como família, não pensava na possibilidade de desentendimentos entre nós. Se houvesse analisado tudo do jeito certo, poderia ter cuidado dessas questões antes que virassem problemas.

Espero que meus erros sirvam de orientação para outros empreendedores. Primeiro, arranje um consultor ou orientador pessoal, alguém que não seja contratado pela empresa. Segundo, não tenha um casal no conselho. Dã!

Faltavam algumas habilidades muito importantes no conselho. Deveríamos ter alguém que soubesse pensar por si mesmo e que fosse muito bom com finanças. O diretor financeiro poderia ter desempenhado esse papel, mas não o fez porque Greg tinha o hábito de contratar apenas pessoas que evitavam desafiá-lo, mesmo quando sabiam que ele estava errado.

Não demorou para que eu chegasse à dolorosa conclusão de que Greg não era capaz de comandar a empresa. E a combinação de marido e mulher no conselho era simplesmente insustentável.

Eu já havia tentado, gentilmente, colocá-lo em outra função; até lhe oferecera meu título de presidente. Eu não me importava, meu objetivo era entregar as funções de CEO a um bom gestor capaz de realmente executá-las. Se para isso eu tivesse que abrir mão de um título para que Greg não ficasse melindrado, que assim fosse. Só me importava preparar a empresa para o sucesso.

Sim, só o conselho pode substituir o CEO, e isso, obviamente, não iria acontecer, já que éramos só nós três. Então, comecei a entrar em contato com nossos investidores, porque eles seriam meus melhores e únicos aliados nesse esforço de tirar Greg. Liguei para aqueles em quem mais confiava, conversei com eles, disse que estava preocupada e pedi que avaliassem e me dessem seu diagnóstico. E um por um me retornou dizendo: "A situação está ruim".

Fiquei muito animada.

Alguns queriam que ele saísse imediatamente, mas eu pretendia fazer a coisa direito e sem pressa, de uma forma que não provocasse uma reação negativa em Greg. Trabalhávamos nisso quando Greg e eu tivemos uma grande discussão sobre controle de qualidade. Estava sendo realizada a última etapa de inspeção antes do lançamento de nosso último produto, e a engarrafadora encontrou uma rachadura na borda de uma garrafa. Eu queria retirar todas as garrafas daquele lote, mas Greg disse que a inspeção determinara que o número de garrafas defeituosas estava abaixo do limite aceitável. Estranhamente, o número de garrafas com defeito era exatamente aquele que nos permitiria liberar legalmente os produtos.

Não era um problema pequeno; estávamos discutindo sobre quase US$ 500 mil em produtos. E em casos especiais de desacordos como esse, era necessária uma votação.

Eu disse a Greg e Dominique:

— Não vou correr esse risco. Façam o que quiserem, mas não votarei pela liberação das garrafas sem mais evidências. E você, Greg, mais do que ninguém, deveria se preocupar.

Isso foi duro, eu sei, porque uma catástrofe ocorrera com a Odwalla. Uma adolescente morrera, e os pais culparam um produto contaminado da empresa.

— Vocês são os acionistas majoritários. Façam uma votação.

Mas eles não queriam fazer, porque sabiam que meu voto "não" causaria muitos problemas.

Virei uma "presidente entrincheirada" em minha própria empresa. É assim que se diz quando o CEO, que segura os cordões da bolsa, briga com o presidente.

Foi cruel. Eu não queria sujar as mãos, por isso, como um último esforço, contratei um litigante budista. Eu queria calma, não raiva. Era eu que tinha que pagar os honorários, assim como tinha que pagar todos os meus esforços, enquanto a empresa pagava a defesa de Greg.

Por fim, percebi que minha única opção era delegar a briga. Somente os membros do conselho poderiam mudar sua composição, mas os investidores poderiam dissolver o conselho e instalar um novo. E foi o que pedi que fizessem.

Foi quando descobri outra coisa que me deixou desolada. O peso do voto de cada investidor estava vinculado ao tamanho de seu investimento. Meus amigos e familiares que haviam investido foram agrupados em uma SRL — uma Sociedade de Responsabilidade Limitada — que abrimos para que pessoas não certificadas pudessem investir no negócio, e eu descobri que Greg se nomeara administrador para poder votar em nome deles! Ao criarmos essa SRL, não me ocorreu ser coadministradora, porque, francamente, eu não entendia as ramificações dessa estrutura de administração. Agora entendo.

Falei com os investidores em quem mais confiava e começamos a ligar para os outros. No total, eram 160 investidores. É muita gente.

Minha mensagem era: temos que ir para a guerra. Alguns declinaram discretamente. E alguns estavam do lado de Greg, porque no "mundo verde" dos produtos orgânicos naturais, Greg era visto como um messias. A Odwalla, que Greg vendera por US$ 180 milhões, era a empresa modelo para eles.

E alguns queriam pagar para ver. Quem poderia dizer que a pequena Magatte, proveniente da África, sabia o que estava fazendo?

Antes da votação oficial, selamos compromissos. Quando atingimos 51%, soubemos que daria certo.

* * *

Fiquei feliz por ter vencido, mas seria errado dizer que apreciei a situação. Apenas fiz o que precisava fazer para que a empresa funcionasse. Eu sempre disse a verdade aos investidores: que nunca foi meu objetivo comprometer a imagem de Greg. Eu lhe dei o devido crédito, e ainda dou. Acho que devemos muito a ele. Eu cometi erros; ele cometeu erros. Mas Greg foi, definitivamente, crucial para o sucesso inicial da empresa. Muito do que realizamos não teria sido possível realizar sem ele.

A sorte me ajudou a vencer essa batalha. Certa manhã, no meio da guerra, encontrei um envelope marrom diante de minha porta. Foi entregue anonimamente e estava cheio de fatos sobre o incidente da Odwalla.

Parte do apelo da marca Odwalla era que seus produtos não eram pasteurizados. Mas em dado momento um lote de suco de maçã foi contaminado com *E. coli*, um microrganismo altamente tóxico. Setenta pessoas ficaram doentes e uma menina de dezesseis meses morreu.

Greg e sua equipe jurídica pretendiam lutar judicialmente, mas um misterioso envelope marrom apareceu à porta da casa dos pais da menina. Greg havia declarado no julgamento que nunca negociara com uma agência governamental a venda dos produtos Odwalla. Mas o envelope continha documentos que mostravam que ele havia sim falado com o Exército dos EUA sobre a compra de seus produtos. Mas, ao fazer as devidas diligências, o Exército encontrara vestígios de *E. coli* nos produtos Odwalla e decidira não fazer negócios com a empresa.

Quando a família entregou essa evidência ao juiz, acabou. Greg aceitou um dos maiores acordos já feitos em litígios por intoxicação alimentar. E isso foi só uma parte, claro. Ao todo, foram 20 processos, com muitos dos acordos estimados em mais US$ 10 milhões.

Esses acordos incluíam cláusulas de confidencialidade. Informações sobre o caso não estavam disponíveis em lugar nenhum, mas foi o que eu encontrei diante da porta de minha casa. Pela segunda vez na vida, uma pessoa misteriosa deteve Greg com a oportuna entrega de um envelope marrom cheio de fatos.

Mais tarde, alguns investidores me disseram: "Magatte, nós sabíamos que era só uma questão de tempo até que Greg apresentasse um comportamento problemático que levaria a um conflito entre vocês". Eu fiquei tipo: "Muito obrigada! Vocês sabiam que haveria problemas com Greg e não me disseram nada?"

O caso todo foi muito instrutivo e muito útil. Eu estava começando a entender que minha visão sobre esses figurões do ramo orgânico e natural não era muito precisa. Eles nem sempre eram o que diziam ser. Esses modelos de virtude... você não acha que a virtude deveria começar com a moral da pessoa?

Fiquei pasma quando descobri que decisões comerciais anteriores de Greg haviam resultado em desfechos tão trágicos, ainda mais sabendo que ele estava disposto a liberar as garrafas de Adina com o risco de rachaduras no vidro. Como a pessoa pode ser "orgânica" se vomita comportamento venenoso a seu redor, incluindo o veneno das mentiras? E por quê? Por alguns dólares? Pela reputação? Para proteger o status uns dos outros? Foi em nome disso que tantos investidores lutaram contra mim, mesmo sabendo que Greg estava errado?

Enfim, em um esforço fiduciário para conservar a estabilidade e a unidade, pelo bem de nossos acionistas, ficou decidido que Greg e eu permaneceríamos na empresa, mas em funções diferentes. Eu disse aos acionistas que não queria mais trabalhar com Greg e não queria mais cuidar da parte operacional. E que não queria mais ver a cara dele nem interagir com ele.

O novo conselho me atendeu. Greg e eu fomos colocados para escanteio. Mantiveram-nos na empresa por causa da percepção pública, mas nenhum de nós dois tinha autoridade mais. Greg passou a ser uma figura decorativa.

Em minha nova função, eu assumiria o controle da Adina Foundation, uma fundação sem fins lucrativos financiada pelo lado lucrativo. No novo escritório, eu raramente cruzaria com Greg. E Dominique foi demitida.

Fiquei muito feliz por me livrar da parte de produção e vendas. Eu estava acabada. Exausta. Mas, claro, não demorou muito para que novos problemas surgissem. Nunca demora.

Um dos grupos de investidores era administrado principalmente por John Bello. Sua fama se deve ao fato de ter sido fundador da SoBe, que foi comprada pela Pepsi. Por meio de sua empresa de investimentos, Bello também trouxe o pessoal da PepsiCo. (A Pepsi também tem uma empresa de investimentos, e eles investiram na Adina.) Roger Enrico, ex-presidente da PepsiCo, também estava em nosso conselho, e tínhamos um representante da Peet's Coffee.

Fora possível trazer esses pesos pesados porque, àquela altura, éramos uma grande empresa nacional. Havíamos levantado mais de US$ 30 milhões em capital, as pessoas nos amavam. Nossos produtos eram distribuídos de costa a costa.

Mas então, os investidores começaram a brigar feio.

O que ninguém esperava era Bello e sua personalidade megalomaníaca. Ele levara seus compadres para o conselho — seus amigos da Pepsi — e isso lhe garantira uma imensa influência. Mas com egos grandes, tudo era briga, o tempo todo.

Bello queria que a Adina fosse a próxima irmã da SoBe. Então, veja só: ele eliminou o rótulo culturalmente relevante que eu ajudara a desenvolver e o substituiu por um macaco, reforçando um dos piores estereótipos sobre a África. Para mim, isso foi um grande insulto. Imagine passar de uma identidade visual projetada para mudar estereótipos sobre a África para uma que reforçava um dos piores estereótipos sobre a África! Aquilo me deu nojo.

Parecia uma aspirante a SoBe, até na nova garrafa. Nossa garrafa anterior, feita sob medida, com lindos entalhes, foi descartada. Ele vendeu todo o estoque — milhões de garrafas — por um preço baixo e criou uma inteiramente nova. O rótulo passou de cosmopolita a uma versão grosseira e cafona da SoBe. Primeiro, a bebida de hibisco acabou, substituída por um chá com leve sabor de hibisco. Em seguida, abandonaram essa linha de produtos — e a última das 4 mil mulheres produtoras originais.

Tudo pelo que eu havia lutado desapareceu.

Por fim, eu disse: "A Adina está morta para mim. Esta não é a empresa que eu fundei." Mas eu ainda queria que ela desse certo, claro, se não por outra razão, porque muitos haviam acreditado em mim a ponto de investir nela. Eu tentei manter o foco da fundação, mas isso também não duraria muito.

A empresa começou a perder clientes, um por um. Eles estavam tentando mudar o público-alvo porque a base de clientes que eu havia criado — o grupo demográfico cultural-criativo — não respondia aos novos produtos; eles não gostaram do fim da autenticidade. "Magatte não está mais lá, então, esqueça. Não queremos mais. E esse novo rótulo é uma merda", diziam.

Eles estavam certos. A Adina retirou da linha de produtos todas as bebidas de antes, o *bissap* e o resto, e fez uma tipo SoBe.

Bello sabia disso; ele queria que fosse assim. Um dia, durante uma reunião do conselho, ele retrucou para mim: "Não se engane. Estamos apenas vendendo água e açúcar."

GARRAFA ORIGINAL ADINA E GARRAFA COM O MACACO DE BELLO

6

Xel du doy
(Conselho nunca é demais)

Finalmente deixei a Adina. Para mim, bastava. Meu desejo era abrir outra empresa com as mesmas ideias básicas — ou seja, levar sabedoria e produtos africanos para o mundo e prosperidade para a África. Meu propósito era fazer a minha parte para tirar os africanos da pobreza, e para isso eram necessários empregos, não presentes.

Aprendi muito durante o tempo que passei na Adina, especialmente o que *não* fazer ao abrir uma empresa.

Eu ainda estava determinada, mas minha experiência com a Adina me deixou meio reticente com os norte-americanos bem-intencionados que dizem querer ajudar a África.

Às vezes, parecia que muitos acreditavam, e ainda acreditam (conscientemente ou não), que meu povo — o povo da África — é incapaz de sair da pobreza. Outros nos consideram vítimas lamentáveis que exigem seu cuidado e generosidade altamente aparentes. Muito poucos nos consideram empreendedores capazes que, com o sistema legal certo, rapidamente se fariam prósperos sozinhos.

Talvez o norte-americano mais famoso focado na pobreza africana durante minha época da Adina tenha sido Jeffrey Sachs, que é descrito em seu perfil na Wikipédia como "um dos maiores especialistas do mundo em desenvolvimento e combate à pobreza".

Seu currículo tem todos os ornamentos que lhe dão não só credibilidade como também estatura entre aqueles que distribuem dinheiro para grandes projetos de "desenvolvimento". Para começar, ele tem três diplomas de Harvard e, aos vinte e oito anos, já era professor titular de economia nessa instituição.

Atualmente, está na Universidade de Colúmbia e atua como conselheiro especial do Secretário-Geral da ONU sobre Objetivos de Desenvolvimento Sustentável. Como indica a Wikipédia, ele também "escreveu vários livros e recebeu muitos prêmios".

Havia apenas um problema com Sachs, na verdade. Sua abordagem da África estava toda errada. Era uma fantasia tecnocrática na qual "especialistas em desenvolvimento" liderados por ele ensinariam a nós, africanos, como fazer as coisas direito para, assim, aliviar nossa condição patética.

Entre seus projetos no final dos anos 2000 estava uma série de *Millennium Villages*, uma dúzia ou mais de esforços empreendedores africanos administrados pelo Earth Institute de Sachs, na Colúmbia. De acordo com o site da organização (que ainda continua ativo, anos após o término do experimento), o "projeto oferece um modelo ousado e inovador para ajudar comunidades rurais africanas a sair da pobreza extrema". Por meio da "mão amiga" de Sachs e companhia e seus financiadores (Bill Gates e George Soros, entre outros), os africanos "chegariam à escada do desenvolvimento e começariam a subir sozinhos".

Conheci o funcionamento interno dos esforços de Sachs enquanto eu construía a Adina. Como eu era uma conhecida empreendedora africana baseada nos EUA que havia colocado produtos africanos na Whole Foods, aqueles que trabalhavam para Sachs viviam entrando em contato comigo.

Eles estavam impressionados por eu ter conseguido criar, com sucesso, um produto africano e vendê-lo muito bem nos Estados Unidos. Eles queriam fazer o mesmo com suas aldeias e me perguntaram se poderíamos trabalhar juntos.

Por fim, eu me encontrei com um dos representantes de Sachs. A reunião foi tão ruim quanto eu previra. Aquele executivo ganhava US$ 300 mil por ano para fazer seu trabalho em uma organização sem fins lucrativos! Ele me disse o que eu já sabia: que eram vilas agrícolas. Havia apenas um problema: eles não tinham levado em conta o que fariam com a colheita.

Pense bem. Aqueles caras queriam ensinar empreendedorismo aos fazendeiros locais, mas não haviam feito nenhuma pesquisa de mercado, nem pensado em sistemas de entrega ou distribuidores para os produtos.

O resultado era que as aldeias estavam produzindo *commodities* — bens agrícolas como café, bananas e feijão — e as despejando em mercados locais, onde competiam com outros fazendeiros locais que também tentavam extrair qualquer lucro que pudessem! O representante de Sachs me disse que, em alguns casos, os produtos apodreciam porque não havia mercado para eles.

Como empreendedora, achei bizarro que o pessoal de Sachs presumisse que se dariam muito bem no empreendimento simplesmente porque eram muito inteligentes. Eles pareciam acreditar que os africanos precisavam de sua experiência técnica, mas não tinham nenhuma estratégia comercial para vender as safras africanas a preços elevados. Quando eu estava na Adina, era óbvio para mim que, para criar receitas e lucros significativos, eu precisaria de uma estratégia de *branding* para nossa bebida tradicional de hibisco, cultivar um hibisco de alta qualidade para honrar as alegações da marca e depois vender nossos produtos na Whole Foods.

Cultivar uma *commodity* é a parte mais fácil. Depois, você tem que vendê-la, vendê-la e vendê-la de novo!

Mas Sachs não tinha estratégia de *branding*, marketing, distribuição ou vendas — nada! Tempo e dinheiro estavam sendo gastos naquelas *Millennium Villages* sem muito resultado. (George Soros sozinho doou US$ 50 milhões.)

O executivo de Sachs não pediu minha expertise; não propôs me contratar como consultora. Apenas me pediu para entregar tudo que eu tinha — tudo que eu havia aprendido, os nomes e as informações de contato de todas as pessoas que eu havia conhecido durante meus anos de trabalho, minhas conexões, minha rede de contatos! Também queria que eu o levasse à Whole Foods e dissesse à empresa que comprasse os produtos dele! A equipe de Sachs não demonstrou nenhum respeito por minha expertise e experiência, nem pelo que me custou adquiri-las. Esperavam que eu entregasse tudo de graça porque sou africana e quero que a África progrida.

Eu deveria dar tudo de bandeja? Eles jamais esperariam isso de outra pessoa. Senti-me insultada pela ousadia daquelas pessoas e por sua atitude arrogante e desrespeitosa para comigo e meu trabalho.

Em 2009, um amigo me mandou a cópia de um folheto de um *tour* por uma das *Millennium Villages* de Sachs em Ruanda. Era administrada por um dos colegas de Sachs na Colúmbia. A regra número um era: *Por favor, não dê nada aos moradores; nem doces, biscoitos, garrafas de água vazias ou dinheiro.*

Fiquei furiosa. Com a ajuda de Michael Strong (sobre quem você lerá mais à frente), produzi um artigo para o *Huffington Post* intitulado *Please Don't Feed the Monkeys* [Por favor, não alimente os macacos]. Não é de surpreender que o *Huffington* tenha mudado o título, mas publicaram o artigo integral, incluindo meu comentário de que o folheto "captura perfeitamente a condescendência revoltante que percebo no projeto *Millennium Villages*".

Escrevi:

> Professores célebres da Universidade de Colúmbia não podem ser desculpados por sua ignorância. Quando pessoas altamente instruídas nos objetificam com uma placa que diz "Não alimente os animais", a única explicação é uma arrogância ofuscante. Essas pessoas têm tanta certeza de que são nobres por ajudar os "chimpanzés ignorantes" que nem sequer notaram como é humilhante o que fizeram.

Durante vários meses, meu artigo era a segunda entrada no Google nas buscas sobre "Sachs", imediatamente depois de "Goldman-Sachs". Meu artigo estimulou um debate na blogosfera de ajuda e desenvolvimento econômico africano, com títulos como "Pessoas famintas devem ser atrações turísticas?"

Bill Easterly, talvez o mais conhecido especialista ocidental em pobreza africana, escreveu:

> O verdadeiro problema é que as atitudes paternalistas em relação aos beneficiários africanos das [Millennium Villages] decorrem naturalmente das ideias que as inspiraram: que os pobres são vítimas indefesas e que cabe aos estrangeiros superiores com conhecimentos e dinheiro resgatá-los [...] A condescendência para com os africanos é ofensiva *E* um sinal de uma abordagem contraproducente ao desenvolvimento. (Ênfase dele.)

Nina Munk, colunista da *Vanity Fair* e uma perspicaz observadora, decidiu escrever um livro sobre essas vilas. Ela entrou no projeto amando a ideia, mas, no final, *The Idealist* parece uma tragédia grega. Ela conta que Sachs tinha um ego inflado, era sempre muito grandiloquente. Mas Munk viu o absurdo daquilo. Diz que enquanto a coisa toda ia por água abaixo, Sachs voava de jatinho particular. Ele disse, certa vez, que podia pegar o jato para um lugar e aprender tudo que precisava saber em três dias. Imagine só!

Perto do fim do projeto, Munk visitou de novo Dertu, uma das *Millennium Villages* que ela observara para avaliar seu sucesso. Após um gasto de us$ 2,5 milhões, foi isto que ela encontrou:

Apesar de tudo isso, Dertu ainda não tinha água encanada, eletricidade ou estradas pavimentadas. Não tinha indústrias, empregos de longo prazo nem nada que parecesse que ia durar depois que o projeto Millennium recolhessem suas barracas e deixasse a cidade. Era surpreendente ver com que velocidade a paisagem pastoral e aberta de Dertu havia se transformado em algo parecido com uma favela. A maioria das pessoas vivia na miséria, em suas cabanas amontoadas, remendadas com sacos de poliuretano pretos ou verdes e cobertas com papelão, sacos de estopa e lonas plásticas. Lentos córregos de lama passavam pelas estreitas trilhas entre as cabanas.

As latrinas comunitárias pagas pelo Projeto *Millennium Villages* estavam entupidas ou transbordando, ou tinham desmoronado; não havia acordo sobre de quem era a responsabilidade de fazer sua manutenção. Em uma vala cheia de lixo podre, um bando frenético de cegonhas-marabu destroçava a carcaça de algum animal. Havia sacos frágeis de poliuretano, oficialmente proibidos pelo Projeto Millenium, pendurados em cada árvore. O Comitê do Lixo parara de funcionar — se é que um dia funcionou. Ninguém sabia o que havia acontecido com os 60 mil KSh [moeda queniana] que Ahmed dera ao comitê para comprar ancinhos e carrinhos de mão.*

* * *

Alguns anos depois, dei uma palestra na Universidade da Califórnia, Berkeley, para jovens interessados em resolver a pobreza africana. Alguns deles haviam acabado de voltar de uma conferência organizada por Sachs e a onu. Todos os figurões do setor internacional de alívio à pobreza se achavam naquela conferência, talvez 1,5 mil deles. Perguntei aos alunos se eles se lembravam de quem havia participado da conferência, e eles deram uma lista impressionante de vários ministros do governo, professores renomados e diretores de grandes ongs.

---

* Nina Munk, *The Idealist: Jeffrey Sachs and the Quest to End Poverty*. Knopf Doubleday Publishing Group, 2013.

Perguntei se havia alguém do setor privado, e entre todos eles, conseguiram lembrar-se de dois nomes. Isso me deixou perplexa. Eu disse:

— Vocês foram a uma conferência cujo tema era garantir que todos tenham água potável e algum tipo de assistência médica, e havia apenas dois representantes do setor privado? — Então, perguntei: — Vocês sabiam que todo aquele que possui dinheiro na África tem acesso a água potável? Eles bebem uma água melhor que a de vocês! São as mulheres pobres que têm mais probabilidade de morrer ao dar à luz, e somente as famílias pobres não conseguem ter acesso a alimentos nutritivos adequados.

Eu falei que a pobreza é a raiz desses problemas e de muitos conflitos neste mundo. Eles ficaram meio inquietos e comentaram:

— Sim, é verdade.

Eu insisti:

— Por que as pessoas são pobres?

Silêncio.

— Eles são pobres porque não têm dinheiro! Não têm dinheiro suficiente para atender a suas necessidades básicas. — Parei de novo. — Agora me digam: de onde vem o dinheiro?

Mais silêncio.

— De onde vocês tiram seu dinheiro? De onde seus pais tiram o dinheiro deles?

Alguns responderam discretamente:

— De um emprego?

— Sim! — confirmei. — Vocês ganham dinheiro com um emprego! E de onde vêm os empregos?

Nada.

— De empresas! — praticamente gritei. — Eu sei que alguns de vocês acreditam que os empregos vêm do governo ou de organizações sem fins lucrativos, mas mesmo nesses casos, os fundos vêm dos impostos pagos pelas empresas e seus funcionários. Em outras palavras, do setor privado!

Então, fiz estas considerações:

— Vocês não acham que todos nós deveríamos nos preocupar em garantir que um país pobre tenha o ambiente certo para as empresas? Isso não é uma prioridade? Mas vocês me dizem que acabaram de voltar de uma conferência na qual pessoas de grande poder falaram sobre como vão resolver a questão da pobreza em países pobres e havia dois, apenas dois, representantes de empresas privadas? Vocês vêm algum problema nisso?

Sachs mudou o foco para pastos mais verdes, nestes tempos de mudança climática. Mas, na verdade, sua reputação e sua influência declinaram.

Ele ficou famoso na era pós-soviética, quando conseguiu deter a inflação de alguns países. Era um menino prodígio. Só que esses países quebraram. Assim, ele entrou na área de desenvolvimento econômico. Escreveu um livro sobre redução da pobreza e criou as *Millennium Villages*. Mas elas também quebraram.

* * *

Eu estava na correria na Fundação Adina, que era financiada pela empresa que eu havia fundado. Tinha por objetivo financiar mulheres empreendedoras na África. Especificamente, queria capacitar mais pessoas para fazer o que eu havia feito com a Adina — queria dar a elas as ferramentas e o financiamento para ser empreendedoras. O conselho estava mais interessado em financiar organizações sem fins lucrativos tradicionais (pura conversa mole), porque era uma abordagem mais simples e convencional. Todo aquele papo de "Vamos ajudar os pobres nativos da África porque eles não conseguem se ajudar", sabe? Eu estava farta disso.

Decidi embarcar em uma jornada na qual o conselho da Adina não tinha interesse. Eles estavam interessados em vender água com açúcar e cavar meia dúzia de poços. Eu ouviria muito sobre poços nos anos seguintes. Mas os próximos oito anos de minha vida seriam realmente muito interessantes.

Por meio da Adina Foundation, conheci Michael Strong, que de início foi meu mentor e, mais tarde, passou a ter um papel ainda mais importante: em 2009 ele se tornou meu marido.

Michael fundou várias escolas inovadoras e escreveu um livro sobre empreendedorismo com seu amigo John Mackey, fundador do Whole Foods Market. (O livro também tem a participação de Mohammad Yunus, ganhador do Prêmio Nobel da Paz por seu trabalho em microfinanças, e Hernando de Soto, autor de *The Mystery of Capital*.) Conheci Michael por meio de seu projeto, FLOW, que ele criou com Mackey. O FLOW (Freedom Lights Our World) era focado em promover soluções empreendedoras para problemas mundiais. Michael e John eram originalmente de esquerda, como eu, mas estavam concentrados no empreendedorismo, e não no governo ou nas ONGS, para melhorar o mundo.

Entenda: eu cresci sem aceitar nem rejeitar os programas de "desenvolvimento econômico" na África. As coisas eram como eram. Eu não conhecia nada diferente daquilo, nunca pensara no assunto.

Mas, àquela altura de minha vida, me interessei muito pelas ideias de Michael sobre empreendedorismo e a importância de um bom ambiente de negócios, com ênfase particular no bem que pode ser alcançado com a criação de empresas. Eu tinha experiência suficiente como empreendedora no Senegal para saber que o ambiente de negócios lá era péssimo. Ficara óbvio para mim que era *muito* mais fácil fazer negócios nos Estados Unidos que no Senegal.

Assim que Michael começou a me apontar a correlação entre os rankings do Doing Business* e a prosperidade, a conexão ficou óbvia. Aqueles pesquisadores mostravam com dados a realidade de minha vida como empreendedora africana. Se é quase impossível fazer negócios em um lugar como a África, como podemos criar empresas, contratar funcionários e crescer? A conexão era tão óbvia que fiquei surpresa e depois indignada por ninguém ter mencionado isso antes — especialmente aqueles do Ocidente que alegavam se importar com a pobreza africana.

Antes de conhecer os dados do Doing Business e as informações sobre liberdade econômica de Michael, eu considerava a dificuldade de fazer

---

* O projeto Doing Business examina empresas e analisa as regulamentações aplicadas a elas durante o seu ciclo de vida. Assim, este estudo serve de ferramenta para medir o impacto das regulamentações sobre as atividades empresariais ao redor do mundo. https://archive.doingbusiness.org/pt/about-us

negócios no Senegal apenas como um tipo de azar. Eu dava como certo que era estranhamente difícil fazer as coisas lá.

Nós senegaleses havíamos nos acostumado com o jeito como as coisas eram. Mas quando vi o padrão — nações nas quais é fácil fazer negócios tendem a ser mais ricas, ao passo que nações nas quais é mais difícil tendem a ser mais pobres —, consegui traçar a conexão. A pobreza do Senegal está diretamente ligada a seu péssimo ambiente de negócios.

Por meio de nossas conversas e as leituras que ele me sugeriu, fui ficando cada vez mais ciente da importância do sistema legal. Antes de conhecer Michael, eu era uma empreendedora praticante, mas depois, novas ideias se formavam à medida que eu ligava os pontos entre minha experiência pessoal e os dados. Passei muito tempo como diretora da fundação dedicada a ideias, em vez de ir lá e fazer.

Conheci Michael por causa de um programa que ele criou dentro do FLOW chamado Accelerating Women Entrepreneurs (AWE). A ideia de microcréditos havia ganhado popularidade alguns anos antes, e mulheres do mundo todo vinham tendo algum sucesso com isso. Todavia, como disse Michael quando lançou o AWE: "Sim, é legal emprestar dinheiro a uma mulher para ela comprar umas galinhas para vender uns ovos, mas isso não fará ninguém prosperar. Por que não investir em mulheres que estão administrando empresas de US$ 15 milhões, US$ 100 milhões?"

Michael criou uma conferência sobre o AWE, para a qual convidou as melhores empreendedoras do mundo em desenvolvimento — grupo que, por acaso, me incluía. (A piadinha que correu depois foi que ele escolheu a melhor do grupo e a pediu em casamento — e eu aceitei).

Quando nos conhecemos, houve uma conexão instantânea; daquele ponto em diante, conversávamos pelo menos duas horas por dia. Isso me ajudou muito, porque eu estava, como dizem, chegando ao fundo do poço. Eu havia perdido meu amado três anos antes e estava vendo minha empresa, a Adina, originalmente dedicada à produção de bebidas africanas autênticas, ser transformada em mais uma fábrica de bebidas açucaradas. Mas aquelas coisas que eu aprendia com Michael eram energizantes.

Sempre pensei que negócios eram negócios. Você cria um produto ou serviço e o vende. Era essa a minha mentalidade. Mas passei a aprender sobre o papel do ambiente de negócios para permitir que empresas comuns criem prosperidade e bem-estar. Eu havia participado do empreendedorismo social no Vale do Silício. Frequentara regularmente as conferências Bioneers e

SoCap, dedicadas ao empreendedorismo social. Investidores da Social Venture Network (SVN) e Investors Circle, duas organizações dedicadas a investir em empreendedores sociais, investiram na Adina. Eu conhecia muitas pessoas proeminentes desse movimento, mas nenhuma delas falava sobre a necessidade de um ambiente de negócios melhor. Todo mundo pensava e falava que éramos muitíssimo especiais, bons demais, como demonstrava nossa "consciência". Claro, também falávamos muito sobre os males da escravidão, do colonialismo e do capitalismo. Éramos uma combinação estranha, mas não rara: pessoas focadas nos negócios que se sentiam culpadas em relação aos negócios e ao capitalismo.

Era como se a mentalidade progressista impedisse o reconhecimento básico do bem fundamental que as empresas fazem.

Logo me vi ansiosa para explicar àqueles de meu círculo a grande importância de trabalhar por um ambiente de negócios melhor na África. Mostrei a correlação entre prosperidade e liberdade econômica, expliquei como minha experiência de luta para fazer negócios no Senegal era um problema similar para centenas de milhões de pessoas na África e em todo o mundo em desenvolvimento.

Porém, tudo caiu em ouvidos moucos — pelo menos, a maior parte. Eu tinha alguns amigos no mundo do empreendedorismo social que entendiam o que eu dizia e apoiavam totalmente minha nova ênfase na liberdade econômica, mas a maioria me ignorou ou me atacou por apoiar o capitalismo. A visão predominante nesses círculos era que o "capitalismo" era o que havia deixado a África pobre. Para muitas dessas pessoas, o microempreendedorismo era aceitável apenas porque se tratava diretamente de emprestar dinheiro a gente pobre. Elas ficavam muito desconfortáveis com a ideia de apoiar empresas maiores ou a criação de riqueza. Muitas delas odiavam a palavra "prosperidade" (embora fossem muito prósperas). Aos poucos fui percebendo que elas gostavam do empreendedorismo social apenas quando implicava uma visão um tanto condescendente da charmosa pobreza global.

Enquanto isso, o que me animava era a possibilidade de construir indústrias de processamento maiores no Senegal. Para mim, o mundo dos negócios e do empreendedorismo sempre foi emocionante e honrado. A ideia de que eu, como empreendedora africana, só seria interessante se apoiasse cooperativas rurais pobres era decepcionante, inclusive paternalista. Eu queria que meus amigos celebrassem a ideia de construir prédios maiores, instalações industriais maiores e, gradualmente, contratar mais gestores, contadores e engenheiros africanos. Queria criar uma empresa de verdade que fosse respeitada internacionalmente! (De novo, uma das razões de Michael ter conquistado meu coração desde o início foi seu interesse em ajudar "mulheres do mundo em desenvolvimento" a criar empresas grandes e sérias.)

Quando me dei conta, estava indo aos mesmos eventos da SF Bay Area com cada vez menos entusiasmo. A Bioneers, por exemplo, é frequentada por um bando de hippies fumadores de maconha que alegam querer mudar o mundo, mas são, em grande parte, esquerdistas anticapitalistas. Embora a Adina tenha realizado lá eventos de marketing por anos (eles eram nosso grupo demográfico percebido), conforme eu participava dos eventos deles fui percebendo que eles não tinham nenhum interesse em trabalhar comigo para criar empresas sérias em um excelente ambiente de negócios na África. Nós éramos — para usar uma expressão de meu artigo sobre Sachs — apenas o sonho erótico antropológico deles.

Para mim, é muito difícil escrever estas palavras porque até hoje gosto muito dos fundadores e participantes do Bioneers e da atmosfera calorosa daqueles encontros. Acredito que suas intenções sejam boas, mas é por meio do testemunho das consequências prejudiciais das filosofias que eles promovem em nome do desejo de fazer o bem que eu realmente passei a sentir na pele o significado da expressão "De boas intenções o inferno está cheio".

Simplesmente não posso me dar ao luxo de deixar meu povo no inferno. Mobilizar para poder corrigir a rota pode acabar machucando o coração de alguns, que dirão: "Mas nós só queríamos ajudar". Entretanto, esse é um preço que estou disposta a pagar. A esta altura, não tenho mais paciência com pessoas que afirmam querer ajudar africanos ou pretos, mas são "anticapitalistas".

Se estou tentando ajudar, mas aprendo que a maneira como estou fazendo as coisas não está ajudando, eu mudo. Afinal, o objetivo é alcançar uma mudança real ou me sentir a salvadora da pátria? São dois objetivos muito diferentes, que levam a dois resultados radicalmente diferentes.

O que você busca? Não há resposta certa ou errada para essa pergunta, pois é uma questão muito pessoal, mas é preciso ser honesto. Sempre prefiro um oportunista honesto a alguém que finge ser um aliado, mas cujas crenças minam minhas iniciativas.

Gradualmente, meu círculo social começou a se desfazer. Alguns amigos começaram a se afastar.

Antes de nosso relacionamento, Michael escrevera um artigo argumentando que o Walmart havia se tornado a principal organização antipobreza do mundo. Ele destacou o impulso que a empresa deu a dezenas de milhões de chineses desesperadamente pobres a partir da década de 1990, quando importava produtos chineses de baixo custo para os Estados Unidos. Descobriu-se que as tão difamadas "fábricas clandestinas" foram, na verdade, o primeiro passo crucial no caminho da prosperidade em massa. Até *o New York Times* acabou reconhecendo isso.

A Bloomberg entrevistou Michael sobre o artigo e suas opiniões. Ele estava com uma camisa azul, na entrevista.

Quando já estávamos namorando, falei dele com uma amiga. Ela deve ter pesquisado sobre Michael no Google, porque logo me ligou dizendo:

— Você não pode namorar o Camisa Azul!

— Do que você está falando? — perguntei, confusa.

— Aquele homem! O Camisa Azul!

— Quem?

— Michael Strong!

— Mas por que não? — eu quis saber.

— Ele gosta do Walmart!

Dei risada. Mas essa era minha galera. Nós não fazíamos compras no Walmart. Ninguém nos veria dentro de um Walmart! Se alguém me perguntasse naquela época, eu teria dito que o Walmart não pagava bem seus funcionários. Que o Walmart vendia porcaria. Que o Walmart não respeitava o meio ambiente.

Nunca me ocorreu que o Walmart permitia que gente pobre comprasse bens de consumo que não poderiam pagar em outros lugares. Eu nunca havia pensado nisso desse jeito. Jamais sequer imaginara que a fabricação de baixo custo na China estava elevando centenas de milhões de chineses da classe trabalhadora a um padrão de vida com o qual os africanos só podiam sonhar.

Em minha época de Adina, meus amigos e eu debochávamos dos que compravam no Walmart. Nós trocávamos e-mails com fotos dos "grandes trouxas" clientes do Walmart. Ainda me entristece saber que fui tão ignorante. Para nós, tratava-se de pessoas retrógradas comprando em um lugar retrógrado, fazendo coisas retrógradas para o meio ambiente e seus semelhantes, e que nem sabiam o que era bom para elas!

Nossa...

Aposto que muitos amigos progressistas meus vão achar que caí no feitiço de Michael. Tenho certeza de que alguns críticos meus farão essa afirmação assim que lerem isto. Afinal, quem se afastaria da sociedade esclarecida de São Francisco para ouvir o Camisa Azul?

No entanto, nenhum deles tentou criar uma empresa do zero no Senegal. Depois de ter construído a cadeia de suprimentos de hibisco para a Adina, de uma coisa eu tinha certeza: é difícil fazer negócios no Senegal. Eu também sabia que meus colegas empreendedores de países do continente africano haviam enfrentado as mesmas dificuldades.

É uma confusão. As várias causas do desafio de montar um negócio em solo africano tendem a se misturar em nossa cabeça. A infraestrutura é uma bagunça, as rodovias ficam congestionadas, os gases do diesel fedem e é difícil conseguir eletricidade. E você tem que pagar um pouco mais a um funcionário do governo aqui e ali para fazer as coisas, principalmente pelas resmas absurdas de regulamentações. No final, o desafio de atravessar a cidade três vezes e esperar na fila para sempre na esperança de conseguir eletricidade não é diferente de ter que atravessar a cidade cinco vezes para tirar o alvará de funcionamento.

Mas quando Michael apontou que bastam alguns minutos na internet para abrir uma SRL nos Estados Unidos — algo que leva seis meses e milhares de dólares no Senegal —, eu entendi. Tendo esperado naquelas filas e discutido com aqueles burocratas (e gastado quantias infinitas de dinheiro fazendo isso), eu entendi totalmente.

Antes de conhecer Michael e sua equipe, eu já sabia que, quando o assunto é ajudar as pessoas a sair da pobreza, o empreendedorismo é melhor que a ajuda; mas eu tive que aprender que as empresas não existem no vácuo. Quando há obstáculos regulatórios absurdos interferindo, torna-se excessivamente oneroso para os empreendedores criar empregos e prosperidade.

* * *

Michael tinha uma formação interessante, inclusive em economia. Fez um ano de Harvard, mas saiu porque achava as aulas chatas. Concluiu o curso no St. John's College em Santa Fé, onde seguiam o currículo Great Books. Depois, fez pós-graduação na Universidade de Chicago, onde pretendia provar que os famosos economistas de lá estavam errados. Todo mundo sabia que os livres mercados eram ruins, ele só tinha que provar isso. Os economistas de Chicago alegavam ser científicos, e Michael achava que, estudando o trabalho deles, poderia encontrar as falhas no pensamento que os levaram a apoiar os livres mercados.

Aos poucos, ele foi percebendo que não entendia de economia. Isso foi no final dos anos 1980, quando a maioria dos intelectuais ainda apoiava o socialismo. Quando ele estava em Harvard, no início dos anos 1980, o debate intelectual era travado entre os defensores marxistas da revolução violenta, de um lado, e os socialistas democratas que defendiam mais um modelo escandinavo, do outro. A economia de livre mercado era considerada um pensamento de direita não aceitável, inadequado para intelectuais sérios e sensatos.

Mas no final da década de 1980, o sucesso econômico dos Tigres Asiáticos — Hong Kong, Singapura, Coreia do Sul e Taiwan — era inquestionável. No amplo debate entre economias socialistas e capitalistas, o capitalismo estava vencendo. E então, o comunismo entrou em colapso.

Na década de 1990, China e Índia começaram a decolar graças a projetos capitalistas. A China, em particular, evoluía depressa por causa de suas Zonas Econômicas Especiais (ZEEs) modeladas explicitamente em Hong Kong e Singapura, as jurisdições mais livres do mundo. Como Ning Wang e o ganhador do prêmio Nobel Ronald Coase disseram em *How China Became Capitalist* (2012), essas ilhas de capitalismo radical dentro da China estavam impulsionando a prosperidade chinesa.

Apesar do movimento antiglobalização dos anos 1990, o fato incontestável era que o capitalismo estava claramente enriquecendo os países pobres. Quando Michael fundou o FLOW com Mackey em 2003, já conhecia bem a Nova Economia Institucional e o papel que as instituições legais e culturais desempenham no fornecimento do ambiente de negócios necessário para a prosperidade. Quando nos conhecemos, ele já havia passado 20 anos estudando os pré-requisitos necessários para a prosperidade (incluindo sua dissertação de Chicago, que foi escrita, em grande parte, sob a orientação do economista e ganhador do prêmio Nobel Gary Becker).

Entre minha experiência como empreendedora no Senegal e nos Estados Unidos (eu sabia comparar ambas as realidades como muito poucos) e seu conhecimento acadêmico, poderíamos mostrar, juntos, como instituições legais precárias e obstáculos regulatórios excessivos levam à escassez de empresas legalizadas. Era bastante óbvio por que a maioria dos empregos na África estava no setor informal e por que havia desemprego, pobreza e esforços em massa para ir para a Europa na esperança de arranjar um emprego melhor.

Poderíamos discutir os detalhes (até que ponto são as leis trabalhistas? As regulamentações de crédito? Os impostos? O código tributário bizantino? Os obstáculos para abrir uma empresa? etc.), mas, em linhas gerais, nenhuma pessoa honrada que tenha analisado isso poderá ignorar a necessidade de um melhor ambiente de negócios na África, com menos obstáculos governamentais à atividade empresarial.

Quando comecei a falar sobre essas ideias com amigos, colegas e conhecidos na Bay Area, ouvia duas respostas. Alguns estavam sinceramente curiosos, e muitas vezes se surpreendiam por nunca ter sabido dessas informações; eles queriam saber mais e me apoiavam. Outros rejeitavam, ignoravam ou desmereciam minha nova perspectiva. Essas pessoas me percebiam como pró-capitalista demais, "libertária" demais ou "de direita" demais. As primeiras eram 5% das pessoas, e as segundas, 95%.

Aqueles dessa última categoria não me davam nenhum argumento contra minha nova perspectiva. Nenhum deles sequer tentou argumentar que os insanos obstáculos aos negócios na África eram uma coisa boa. Quando argumentavam, falavam sobre as coisas ruins que Bush Jr. havia feito, ou o Banco Mundial, ou esta ou aquela empresa. Eu não discordava deles sobre nada disso; concordava que Bush, o Banco Mundial e muitas outras corporações haviam feito coisas ruins. Mas o fato de X ter feito algo ruim não melhorou nem um pouco o ambiente de negócios. Não ajudou a mim nem a outros empreendedores a criar empregos. Essas críticas a outras questões não impediram que gente de meu povo morresse no mar.

Aos poucos, fui chegando à conclusão de que muitos dos meus amigos anticapitalistas eram motivados mais pelo ódio ao capitalismo (manifestado pelo foco nas coisas ruins X, Y ou Z supostamente causadas pelo capitalismo) que por um amor e cuidado positivos pelos africanos.

Quando percebi que esse ódio do capitalismo era mais importante para eles que a vida dos africanos de verdade, não pude mais considerá-los seres humanos moralmente sérios. E tive que me afastar deles, lentamente. Eu via que eles não estavam tentando me entender, entender minhas opiniões; era apenas rejeição — ostracismo.

É importante deixar claro como foi poderosa para mim a transformação de minha perspectiva. O fardo de ser uma africana preta é imenso. Todo o mundo nos considera pobres e patéticos. Os estereótipos associados a nós são sempre negativos. Muita gente da direita continua explicitamente racista e nos considera bárbaros intelectualmente inferiores. E muitos da esquerda nos consideram tristes vítimas da escravidão e do colonialismo, explorados até hoje por capitalistas gananciosos. Querem doar, ajudar, mas não nos levam a sério como pares.

O escritor queniano Binyavanga Wainaina capturou a atitude predominante de forma brilhante em seu ensaio satírico, "How to Write about Africa":

Nunca ponha uma foto de um africano bem-apessoado na capa de seu livro nem dentro dele, a menos que esse africano tenha ganhado um Prêmio Nobel. Recorra a uma AK-47, costelas à mostra, peito nu. Se tiver que incluir um africano, que seja um usando trajes tradicionais masai, zulu ou dogon.

Não deixe de mostrar que os africanos carregam a música e o ritmo na alma e comem coisas que nenhum outro ser humano come. Não mencione arroz, carne bovina e trigo; cérebro de macaco é a escolha culinária dos africanos, além de cabra, cobras, minhocas e larvas, e todo tipo de carne de caça. Mostre que você é capaz de comer essas comidas sem pestanejar e descreva como aprendeu a apreciá-las — porque você se importa.

Assuntos tabu: cenas domésticas comuns, amor entre africanos (a menos que implique morte), referências a escritores ou intelectuais africanos, menção a crianças em idade escolar que não sofrem de bouba, ebola ou, nas meninas, mutilação genital.

Ao longo do livro, adote uma voz baixa, em conspiração com o leitor, e um tom triste de "eu-esperava-tanto". Deixe claro, logo de início, que seu liberalismo é impecável e mencione perto do começo quanto você ama a África, como se apaixonou e não consegue viver sem ela. A África deve ser lamentada, adorada ou dominada. Seja qual for o ângulo que você escolha, sempre deixe a forte impressão de que, sem sua intervenção e seu livro tão importante, a África está condenada.

Leia o livro todo. Ele é a melhor expressão de nossa exasperação com o jeito como o mundo nos vê. Enquanto formos meras vítimas da escravidão e do colonialismo, dignos de pena, para onde iremos? A maioria dos africanos é cética em relação à ajuda externa. Temos um jogo de cartas popular que zomba das ONGs e da ajuda externa. No Quênia, há uma série cômica sobre a indústria da ajuda!

Poverty, Inc., um filme do qual participei, documenta como são contraproducentes os incentivos associados à ajuda estrangeira e às ONGs. O sistema é uma piada, mas, infelizmente, um futuro melhor para nós não faz parte dele.

96

O ambiente de negócios é terrível, e o filme fornece essa explicação — baseada na realidade — para a África ser tão pobre. Mas para nós, otimistas, também é uma fonte de esperança. Afinal, agora reconhecemos o problema, o que significa que podemos implementar uma solução.

É difícil descrever como isso foi importante para mim. Depois de anos e anos de busca, ouvindo todo tipo de explicação, finalmente encontrei algo que fazia sentido. Uma resposta que carregava em seu ventre a promessa de que nós — meu povo — poderíamos ser reconhecidos como seres humanos completos.

Eu testemunhara muito africanos que passaram a ser prósperos ao se mudar para um país rico. Eu, por exemplo. Então, por que os africanos estavam tão presos na pobreza na África?

Porque era — e é — impossível fazer negócios em nossos países.

O dia em que tudo ficou claro para mim e eu liguei os pontos, caí de joelhos, chorando enormes lágrimas de alívio. Era o tipo de alívio que uma pessoa deve sentir depois de passar as últimas três décadas da vida indo de médico em médico, de especialista em especialista, de xamã em xamã, na esperança de descobrir a razão de sua doença, recebendo explicações que não fazem sentido e remédios que não funcionam. E começa a acreditar que talvez as coisas nunca mudem e que terá que viver com a doença e a dor para sempre. Mas quando começa a se render à miséria crônica, a resposta vem. De repente, tudo faz sentido. Tudo. É um momento sagrado de Revelação.

"Não é permanente, e sabemos como mudar isso. Aconteceu com outros antes, e nós resolvemos. Seque suas lágrimas, e vamos lá", disse a Revelação.

Eu caí de joelhos porque finalmente encontrara o diagnóstico correto para o infortúnio da África. Encontrara um caminho para um futuro africano glorioso. Foi meu momento *Nafi*.

Uma vez diagnosticado o problema corretamente, podíamos começar a trabalhar para resolvê-lo. A visão de uma África orgulhosa e próspera me deixou entusiasmada. Conforme via com que velocidade Hong Kong e Singapura haviam passado de pobres remansos a potências mundiais em comércio, finanças e tecnologia, ia me animando e querendo que mais pessoas participassem do projeto de trazer a África para o século XXI o mais rápido possível. Em 1960, Singapura tinha pouco mais que o dobro da prosperidade do Senegal (US$ 1.400 vs. US$ 3.500 de PIB anual *per capita*). Em 2014, era quase 40 vezes mais próspera que nós (US$ 1.500 vs. US$ 58.000). Imagine se tivéssemos o comprometimento com o capitalismo fornecido por Lee Kuan Yew em vez do socialismo fornecido por Leopold Senghor!

Sendo um povo universalmente considerado, na melhor das hipóteses, digno de dó, quem não apoiaria os africanos como cocriadores da prosperidade e inovação globais?

Como logo descobri, 95% de minha antiga rede de contatos não dava a mínima. Para eles, era mais importante se identificarem como críticos esclarecidos do capitalismo (embora ricos). Isso era deprimente. Enfim, eu tinha um plano que fazia sentido, que dava esperança, e só conseguia encontrar meia dúzia de pessoas dispostas a embarcar nele?

A cegueira da maioria com relação a essa questão me incomoda e entristece até hoje. Ninguém pode negar que se as nações africanas tivessem ambientes de negócios tão eficazes e simplificados quanto os da Nova Zelândia, Singapura, Hong Kong ou Dinamarca (os quatro primeiros no *ranking* Doing Business do Banco Mundial), a África seria mais próspera. Mas, para isso, teriam que reconhecer, de forma direta, que o capitalismo é uma condição *sine qua non* para a prosperidade e o bem-estar. E isso é ir longe demais.

Meu mundo inteiro mudou. Tudo que eu conhecia, o tipo de conferências a que eu ia, tudo. Para alguns amigos, ficou claro que eles não podiam mais ser vistos comigo.

O que passei a entender foi isto: existem muitas razões para admirar uma pessoa, mas dinheiro, escolaridade, posição, atratividade e fama não são nenhuma delas. Para mim, o importante é a combinação de uma grande mente e um grande coração. Em Michael, eu havia encontrado ambos, e a disposição de se juntar a mim, a mesma crença em um futuro africano próspero liderado por criadores africanos inovadores, semelhantes, se não superiores, aos que eu havia visto no Vale do Silício.

Cerca de seis meses antes de conhecer Michael, eu estava no Senegal e conheci Ibou, que se tornaria meu guia espiritual (e o gerente de minha fábrica, como você já sabe). Eu estava em uma reunião social no Senegal quando ele se aproximou de mim. Segundo suas palavras, ele imediatamente viu que eu "era como uma vela ao vento". Isso foi logo após o desastre da Adina, quando Greg e eu fomos substituídos pelo novo conselho. Eu estivera envolvida em uma briga amarga e estava exausta. Desde meu retorno à Adina após a morte de Manu, me mantive construindo, construindo, construindo, viajando pelos Estados Unidos para vender, indo para o Senegal para organizar a produção de hibiscos e tal, até a disputa com Greg e Dominique. E então, tudo acabou. De repente, me vi livre das responsabilidades do dia a dia com a Adina. Era uma jovem viúva, estava redefinindo minha vida e minhas prioridades. Quem era eu?

Ibou logo virou meu conselheiro, guia espiritual e melhor amigo. Ele foi criado nas tradições místicas sufis do Senegal. Passou anos em meditação, oração e tendo visões na praia, mas não era uma pessoa fria e ascética. Pelo contrário, era muito caloroso e humano, tinha uma risada que imediatamente me deixou à vontade. Às vezes, sou extremamente intensa, mas Ibou nunca se incomodou com isso. Ele conseguia lidar com minha paixão, independentemente de quão brava eu estivesse, com uma risada gentil. Logo percebi que ele era um homem sábio. Ele sempre analisava os vários lados de cada problema e sempre seguia o caminho mais elevado da bondade. Sempre me incentivou a fazer o certo e a pensar no longo prazo, independentemente de qualquer coisa.

Logo depois de conhecer Michael, contei a Ibou sobre nosso relacionamento. Em alguns aspectos, Michael e eu somos extremamente diferentes: ele é um intelectual paciente, calado e meticuloso. Eu sou uma empreendedora apaixonada, agressiva e falante. Ele é focado sobretudo em livros e ideias; eu amo coisas bonitas, casas bonitas, lugares bonitos e eventos animados. Ele é alto, magro e muito branco; eu sou curvilínea e muito preta. Ele também é 15 anos mais velho que eu. Acaso eu deveria encontrar alguém mais em sintonia comigo, pelo menos em alguns aspectos?

Curiosamente, Ibou e Michael eram muito parecidos, embora Ibou fosse um místico sufi tradicional, e Michael, um intelectual ocidental racional. Eles não falavam a mesma língua — Ibou falava wolof e francês, mas não inglês, ao passo que Michael não entende francês (mas consegue ler um pouco). Mas, apesar dessas diferenças, os dois exemplificavam um tipo notável de sabedoria universal. Em inúmeras decisões comerciais e pessoais ao longo dos anos, eu fazia perguntas quase idênticas a eles, e ambos me davam respostas quase idênticas. Eles são um belo exemplo de nossa humanidade compartilhada.

No misticismo de Ibou estava inclusa a habilidade de ver a aura das pessoas. Quando conheceu Michael, Ibou disse que ele tinha uma das auras mais puras que já havia visto. Quando comecei a pensar em levar meu relacionamento com Michael a sério, Ibou foi claro: "Ele é um bom homem e a ama, e se importa com as coisas com que você se importa. Ele será bom para você." O testemunho de Ibou eliminou qualquer dúvida que eu pudesse ter sobre me comprometer com Michael.

É engraçado que, como empreendedora, eu sempre buscasse os conselhos de Ibou. Ele não possuía muito dinheiro, mas sempre tinha o suficiente. Bem como muitas crenças tradicionais, mas também era uma pessoa bem moderna.

E ele me apoiava. Costumava dizer: "Magatte, quando você vem para o Senegal, vejo que vive modestamente como nós. Nada a deixa mais feliz que sujar os pés em seu vilarejo."

Ele tinha razão. O que eu como no Senegal deve custar menos de us$ 2 por dia. E não porque eu não possa pagar algo melhor. Ibou dizia que eu ficava contente comendo coisas simples porque dedicava minha vida a fazer algo maior no mundo.

"Eu vejo você. Vejo como você se comporta. Você dedicou sua vida à causa deste continente, e isso transparece em tudo que faz", dizia ele. Ibou afirmava que, se eu fosse uma pessoa mais religiosa, seria um *waliyy*, que em nossa religião significa "amigo de Deus". São pessoas sagradas, muito puras. Era uma honra que ele pensasse em mim dessa forma, e só posso sonhar em ser uma fração disso.

Ibou se dedicou a me acompanhar nessa jornada de trabalho em prol de nosso amado continente. Antes de me conhecer, ele foi paisagista e depois guarda noturno. Fez o ensino médio, mas faculdade não. Também serviu no exército e esteve na Arábia Saudita, Líbia e Benin. Ibou era realmente iluminado. Não se importava nem um pouco com as coisas materiais deste mundo — talvez até ao exagero. Além de sua sabedoria, ele era um exemplo de integridade, muito inteligente, trabalhador e dedicado.

Foi por todas essas razões e mais que o contratei como gerente da fábrica de Mékhé. Sem Ibou, não poderíamos ter feito o que já fizemos e fazemos. Ele esperava que nossas funcionárias tivessem um desempenho de acordo com os padrões mundiais, mas também sabia como conduzi-las a esse objetivo. Para Ibou, a pobreza não justificava nada. Ou você é uma pessoa digna e honrada ou não é. Por isso ele era um líder.

Ibou foi a pessoa-chave em minha empresa porque me impedia de cometer os erros comuns para os não locais. Ele entendia a cultura de Mékhé mais profundamente que eu e, como um homem religioso e espiritual, era muito respeitado.

Quando me perguntam como fazer negócios na África, minha primeira resposta é sempre: *Seja humilde.* Sou africana, mas faço parte da diáspora africana, portanto, tenho que ser humilde porque estive fora muitos anos e fui influenciada pela vida no Ocidente. Aprendi coisas no Ocidente que me distanciaram das pessoas entre as quais cresci. Talvez a palavra certa não seja "aprendi" — ela sugere educação formal. Penso que seja melhor dizer que "peguei" certas ideias e atitudes das culturas nas quais vivi. Para que a diáspora africana seja mais eficaz na África, precisamos trabalhar em estreita colaboração com aqueles que não saíram de lá, para integrar o melhor dos dois mundos.

Às vezes, essas diferenças podem causar atrito. Por exemplo, depois de uma chuva particularmente forte, só uma funcionária apareceu na fábrica. Fiquei louca da vida. Tudo em que pensava era: *Que diabos está acontecendo? Os brancos estão certos sobre nós! Não temos responsabilidade!*

Mas Ibou me acalmou.

— Magatte, sabe por que não veio ninguém? — ele perguntou.

Eu disse que não.

Ibou me levou para fora do alpendre e disse:

— Está vendo esses postes que vão daqui até ali? Você comentou que estas ruas de terra são muito ruins, mas não sabe que, quando chove forte, os postes de energia podem cair e as pessoas morrem. Não é seguro andar na rua.

De repente, tudo fez sentido. Eles não têm carros, precisam ir a pé do ponto A ao ponto B e correndo risco! Eu deveria saber! Já tinha visto o que pode acontecer com esses postes!

Mas eu continuava furiosa:

— E por que elas não ligam para avisar que precisam esperar até ser mais seguro sair?

— Tem razão, nesse ponto eu concordo com você. Vou treiná-las para isso.

Eu e ele éramos de tribos intimamente relacionadas: Ibou era serere, e eu sou lebou. Ele morava em Dacar quando o conheci. Mais tarde, Michael e eu alugamos uma casa na praia de Yoff, perto do mausoléu de Layenne e da residência de Ibou. Ficamos muito próximos dele e de sua família.

7

Mer, noonub boroom la
(A raiva é inimiga de seu dono)

Estava decidido: eu ia abrir outra empresa. Ia voltar para a África e seguir, basicamente, o mesmo plano que usara na Adina, mas, dessa vez, com cosméticos de alta qualidade. Com a Adina, eu trouxera o tradicional *bissap* senegalês para o Ocidente, com receitas adaptadas aos consumidores norte-americanos. E com minha nova empresa, a Tiossan, eu pegaria receitas tradicionais dos curandeiros senegaleses para cuidados com a pele e as modificaria para os consumidores norte-americanos. (As receitas originais produziam uma lama cinza grossa que os consumidores norte-americanos jamais usariam, mas eu sabia que os ingredientes principais — manteiga de karité, óleo de baobá etc. — eram, de fato, ótimos para a pele.)

O objetivo era produzir os cosméticos na África, mas sabíamos que seria melhor resolver os problemas antes de levar a produção para lá. Não haveria nenhum apelo à piedade; nada de "Por favor, compre meus produtos porque você sente pena da África", mas sim, "Compre nossos produtos porque são os melhores do mundo para seu problema de pele específico. E são da África".

Quando comecei a pensar na Tiossan, fiz uma pesquisa sobre marcas africanas. Das mil principais marcas do mundo, apenas uma era uma empresa sediada na África, a South African Airlines, que foi fundada por sul-africanos brancos sob o *apartheid*. As marcas que encontrei tinham apelo tribal, eram relacionadas com safári ou focavam o dó do mundo pelos africanos. Coisas como povos tribais com pintura facial e máscaras exóticas, zebras e girafas, ou "Compre estas coisas para ajudar os africanos 'patéticos'".

Não nego que a piedade vende. Realmente toca as pessoas, porque a maioria quer ajudar. Entendo por que alguns seguem esse caminho fácil. Mas também entendo que seguir o caminho fácil formou estereótipos sobre os africanos. Por exemplo, até a última década, uma das imagens mais comuns de africanos que se via no Ocidente era de crianças famintas com barrigas inchadas e moscas nos olhos. Sim, entendo por que as ONGs usaram essas imagens para arrecadar dinheiro, mas como uma africana cosmopolita preocupada com a imagem dos africanos pretos no Ocidente, imagine como foi saber que sempre que um ocidental pensava em um "africano" em sua cabeça ele via a imagem de uma criança faminta cercada de abutres. Por acaso isso promove a dignidade africana?

Enquanto eu pensava na Tiossan, trabalhava para criar uma nova identidade afropolitana. Em 2008 e 2009, eu pesquisava no Google "africano contemporâneo" em busca de imagens. Havia algumas bem legais, principalmente do Indaba, o festival de design sul-africano, mas muito poucas. Por outro lado, se eu pesquisasse no Google "asiático contemporâneo", achava milhares de imagens de culinária asiática contemporânea, arquitetura, moda etc. O estilo e o design asiáticos desenvolveram uma área fantástica de novas sínteses culturais muito interessantes. Por que nós, africanos, ainda estávamos presos a estigmas tribais, ideias de safári e de comiseração, se tantas culturas asiáticas eram representadas por objetos e tendências culturais dinâmicos e de ponta?

Sabe por que a maioria dos jovens do mundo todo ama os Estados Unidos? Porque temos todas as marcas legais que inspiram a vida cotidiana dos indivíduos. É Coca-Cola, Pepsi, Apple, McDonald's, Disney, National Basketball Association e muitas outras marcas mundiais.

Tive não só que definir eu mesma o que era África contemporânea, mas também que criá-la. Minha ambição era dar uma resposta à pergunta: "Como é um africano contemporâneo de alto nível?"

Criei a Tiossan exatamente com isso em mente. "Veja só o que somos capazes de fazer. Vamos competir de igual para igual e vencer as melhores marcas do mundo."

Eu achava, e continuo achando, que a promessa da Tiossan é ótima. A direção que eu estava tomando era ótima. Confiar no *know-how* e no conhecimento tradicional dos curandeiros sufis de meu país natal era sensato.

104

Mas eu não conhecia meu mercado. Com a Adina, meu alvo haviam sido os "criativos culturais". Trata-se de um grupo demográfico de marketing bem conhecido, levado ao conhecimento do público por Paul Ray e Sherry Anderson no livro *The Cultural Creatives: How 50 Million People Are Changing the World* (em tradução livre: Os criativos culturais: como 50 milhões de pessoas estão mudando o mundo), publicado em 2000. Algumas das características dos criativos culturais que os autores identificaram são:

- Amor pela natureza e profundo cuidado com sua preservação e equilíbrio natural.
- Forte consciência sobre questões planetárias, como as mudanças climáticas e a pobreza, e um desejo de ver mais ações sobre essas questões.
- Compromisso com a atividade e o ativismo, incluindo o voluntariado.
- Disposição para pagar impostos mais altos ou gastar mais dinheiro em bens se esse dinheiro for usado para melhorar o meio ambiente.
- Ênfase pessoal na importância de desenvolver e manter relacionamentos.
- Compromisso pessoal de ajudar os outros e desenvolver seus dons únicos.
- Intenso interesse no desenvolvimento espiritual e psicológico (crescimento pessoal).

Resumindo: compradores da Whole Foods.

Quando criei a Tiossan, minha ideia era mudar a percepção da África por meio da criação de uma linha de produtos africanos, de alta qualidade, para cuidados com a pele. Como esse era meu objetivo, decidi explicitamente que *não queria* meus produtos vendidos na Whole Foods porque sabia que os produtos usados pelos estereótipos hippies comedores de granola da época não transmitiam a sofisticação e o luxo que eu buscava. Meu mercado era como a Nordstrom, devido à alta qualidade e praticidade de seus produtos. No fim, consegui colocar meus produtos na Nordstrom.

Mas logo descobri que meu novo posicionamento era desafiador tanto para investidores quanto para consumidores. O nível de apego inconsciente e bem-intencionado ao estigma da pena pela África era muito profundo.

Falei com um potencial investidor, um aposentado de quarenta e poucos anos que dedicava a vida a ajudar os pobres. Fui vê-lo em sua cobertura em São Francisco para convidá-lo para ser nosso diretor financeiro.

Ele não tinha interesse em nós porque não via como a Tiossan estava ajudando a África. E me fez as perguntas que eu já esperava: *Mas o que você vai fazer pela África? E os poços?; Não vamos cavar poços?; Não podemos construir algumas escolas?; Como você realmente vai ajudar a África?.*

Eram perguntas típicas. Quando eu as ouvia, pensava: *O que você anda fumando? Estamos criando empregos na África e produtos de ponta que farão as pessoas verem a África sob uma luz totalmente nova. O que estamos fazendo pode resultar em melhorias de longo prazo para a vida dos que vivem lá!*

Meu deus, como chegamos até aqui? Como chegamos a acreditar que a única maneira de ajudar a África é cavando poços e construindo escolas de barro? Criar empregos nunca passara pela cabeça daquele homem.

Aquele homem ganhara muito dinheiro. Era um ex-diretor financeiro do Vale do Silício que agora dedicava a vida a construir escolas em países pobres. Porque essa é a única maneira de ajudar os pobres, certo?

Mas e os empregos que permitiriam às pessoas prover a educação de seus filhos? E a dignidade que isso propicia? Aquela conversa foi muito reveladora para mim. Saí abismada de nosso encontro.

Todavia, o verdadeiro ponto crucial da questão é: pessoas como ele são as que declaram que se importam com a África. Mas quando segui meu novo caminho, não encontrei nenhuma delas, simplesmente porque elas não se identificavam. Às vezes, acho que elas não têm receptores. Elas escutam, mas é como falar com um *marshmallow* ou socar uma nuvem. Elas não entendem.

Portanto, os criativos culturais não se entusiasmaram com a Tiossan e sua mensagem assertiva de excelência africana.

Por outro lado, as empresas tradicionais tinham percepções altamente negativas da África; entendiam meu propósito, mas era impossível convencê-las de que poderíamos criar produtos na África capazes de competir com os produtos de alta qualidade do mundo. Pelo menos, as decisões dessas pessoas eram baseadas nos negócios. Frustrante, claro, mas compreensível.

Gosto de pensar que talvez tenha sido apenas uma ideia à frente de seu tempo, mas nos saímos bem. Nossos produtos estavam indo muito bem, mas as vendas não eram tão fortes quanto eu esperava.

Alguns anos depois, consegui me conectar com a organização de Arianna Huffington. Eu havia criado uma linha de produtos para melhorar o sono. Ao mesmo tempo, Arianna publicara um livro sobre a Revolução do Sono, uma nova ideia de marketing que promovia os benefícios mentais e físicos do sono adequado. A Tiossan era a parceira perfeita, porque éramos uma empresa da indústria da beleza e tínhamos produtos para dormir. Vendíamos velas, sais de banho e outras coisas, todas criadas para ajudar a dormir.

O pessoal dela me disse: "Adoramos ver que seus produtos estão tão alinhados com a mensagem do livro dela". Decidimos fazer uma parceria; então, mudei tudo e criei a "Revolução do Sono, trazida a você pela Tiossan".

Meses depois, quando finalmente terminamos a redefinição do produto, ninguém atendia ao telefone nem respondia e-mails no escritório de Arianna. Ninguém. Por fim, li no jornal que Arianna, que quatro anos antes vendera o *HuffPost* para a AOL, agora estava se dedicando a algo chamado Thrive Global, uma nova empresa cujo foco era reduzir o esgotamento no trabalho.

E lá estava eu, com todos aqueles produtos com os quais não podia fazer nada porque eram de uma marca compartilhada.

Isso foi muito, muito difícil.

E para ser honesta, naquele momento eu estava cansada, esgotada. Vinha me dedicando à Tiossan havia oito anos. O que mais eu poderia dizer? Meus "amigos" me rejeitaram. A Tiossan não era uma boa opção para o público criativo cultural da Whole Foods, mas também não era uma boa opção para a clientela de luxo da Nordstrom. Naquela época, eles tinham dificuldade de se identificar com produtos naturais. O público da Whole Foods não se identificava com a "África chique" e o da Nordstrom não entendia o ângulo "consciência africana".

Aconteceram algumas coisas boas e tivemos alguns bons momentos, mas minha alma não se sentia feliz. Eu estava apanhando, e percebi que precisava deixar a Tiossan de molho um tempo. Acho que fiquei mais confortável com minha decisão porque sempre soube que ela nunca morreria completamente.

Também acredito que o que era para acontecer, aconteceu.

8

Kilifa day folliy noppam fal ay gëtam
(Eleja os olhos e destrone os ouvidos)

Quando parei com a Tiossan, fiquei péssima. Estava exausta, esgotada, não era mais o prodígio do empreendedorismo africano. Mas Michael e eu estávamos morando em Austin, Texas. Era o momento perfeito para recomeçar. Eu pegaria as lições aprendidas e começaria de novo, porque é isso que os empreendedores fazem.

Uma parte do que eu vinha reformulando era minha visão como cocriadora de prosperidade e inovação para a África. Por intermédio de Michael, eu havia participado de muitas conferências libertárias. Gradualmente, comecei a falar nessas conferências sobre a necessidade de liberdade econômica na África. No entanto, percebi que, embora os libertários tenham acolhido minha mensagem sobre a necessidade de liberdade econômica na África, só alguns deles estavam inspirados a trabalhar pela prosperidade da África. (Para mim e para Michael, a causa nunca foi "liberdade". A causa foi sempre prosperidade — e a dignidade resultante.)

Um bálsamo muito especial para meu coração naquela época foi o trabalho do economista George Ayittey, começando com seu livro *Africa Unchained*. Meu amado professor (não consigo deixar de pensar nele dessa forma) fornece informações abundantes sobre como a ajuda estrangeira prejudicou a África e por que mais liberdade econômica é necessária lá; mas não foi isso que me tocou. O que me tocou em seu trabalho foi a simples percepção de que, desde seus primórdios, a África era uma sociedade de mercado. No nível mais básico, o mercado tradicional era a peça central da sociedade africana. Em alguns aspectos, é o coração pulsante do matriarcado da África.

Cada aldeia africana tem um mercado, e só mulheres vendem lá.

Vale a pena lembrar como o *establishment* anticapitalista era dominante nas décadas de 1960 e 1970 para reconhecer o mérito de George em entender a necessidade de liberdade econômica na África. Os marxistas dominaram grande parte do ambiente acadêmico nas décadas de 1950, 1960 e 1970. Pol Pot e seus colegas intelectuais do Khmer Vermelho receberam sua educação marxista em instituições francesas de elite na década de 1950. Leopold Senghor, o primeiro presidente do Senegal independente, era socialista. E houve muitos outros.

Os primeiros quatro Congressos Pan-Africanos foram organizados por W. E. B. DuBois, um intelectual socialista afro-americano. O quinto Congresso Pan-Africano, realizado em 1945 logo após a Segunda Guerra Mundial, cristalizou o papel que o socialismo africano moderno passou a desempenhar no movimento de independência que se aproximava. Além de DuBois, que já era mais velho nessa época, entre os participantes proeminentes estavam Jomo Kenyatta, Kwame Nkrumah e Hastings Banda, os primeiros líderes do Quênia, de Gana e do Malawi independentes, respectivamente. Os participantes da conferência estavam unidos para pedir a independência africana das potências coloniais.

Uma das grandes tragédias da África do século XX é que o "socialismo" foi associado ao anticolonialismo, ao passo que o "capitalismo" era considerado imperialista — portanto, colonialista por natureza. Lenin originalmente usou esse argumento no início do século XX; em 1945, a maioria dos intelectuais ainda acreditava nele. A União Soviética havia sido parcialmente desacreditada pelos julgamentos-espetáculo do final da década de 1930 e, pior ainda, pela aliança de Stalin com Hitler. Mas a maioria dos intelectuais ocidentais e africanos ainda queria acreditar que o socialismo era fundamentalmente sólido e que Stalin simplesmente pervertera o sonho de Lenin.

O socialismo marxista era o evangelho para os intelectuais africanos da época. Após o quinto Congresso Pan-Africano, Kwame Nkrumah começou a promover a ideia de uma "União de Estados Socialistas" na África usando a União Soviética como modelo. Eric Coffie, fundador e presidente do Economic Freedom Institute em Gana, escreveu:

Kwame Nkrumah se tornou primeiro-ministro de Gana e, mais tarde, em 1960, presidente da nova república. Foi o vencedor do Prêmio Lenin da Paz em 1962. Nkrumah fundou inúmeras empresas estatais, iniciou a construção de uma enorme represa para geração de energia hidrelétrica, construiu escolas e universidades e apoiou movimentos de libertação em colônias africanas que ainda não haviam alcançado a independência.

Em 1964, diante de crises econômicas causadas, em grande parte, por suas políticas econômicas marxistas, a solução proposta por Nkrumah foi aumentar o controle governamental. Declarou Gana um estado comunista de partido único com ele mesmo como presidente vitalício. Nkrumah foi acusado de promover ativamente um culto à personalidade (Nkrumahismo), o que levou à sua derrubada em 1966 por um golpe de estado militar. Ele morreu em Bucareste, Romênia, após seis anos de exílio na Guiné, aos sessenta e dois anos. No ano 2000, Nkrumah foi eleito o "Homem do Milênio" da África pelos ouvintes da BBC como um "Herói da Independência" e um "símbolo internacional de liberdade, como o líder do primeiro país africano a se livrar das correntes do domínio colonial".*

O que devemos pensar sobre todos os líderes socialistas africanos hoje? Devemos realmente considerá-los "símbolos internacionais da liberdade"? Acredito que a maioria desses homens foi genuinamente motivada pela nobre intenção de construir uma África livre, mas os resultados falam por si.

É uma questão difícil, porque, por um lado, eles merecem imenso crédito por se livrarem das correntes do domínio colonial. Além disso, como indivíduos, não são culpados pelo fato de seu meio intelectual considerar o socialismo marxista uma perspectiva política e econômica confiável. Em 1945, no quinto Congresso Pan-Africano, quando o futuro da África socialista foi estabelecido, acreditava-se amplamente que a União Soviética, apesar dos excessos de Stalin, era um modelo bem-sucedido de desenvolvimento econômico. George Padmore, um ativista preto caribenho que foi, com Nkrumah, essencial para organizar a conferência de 1945, afirmou:

---

* Eric Coffie, "Marxism in Africa: Why So Many African Economies Failed after Independence", *Mises Wire,* 4 de novembro de 2020, https://mises.org/wire/marxism-africa-why-so-many-african-economies-failed-after-independence.

Eu digo a todos os jovens africanos: leiam Marx, Lenin, Trotsky, todos eles, para ver o que vocês podem aprender com eles sobre libertar seu país. Não os descartem por serem brancos, porque as ideias não conhecem cor. Estudem a maneira como o Partido Comunista se organiza, eles são grandes organizadores [...] Depois, estudem a União Soviética, porque vocês vão ter que desenvolver seu país. Essas pessoas aprenderam a desenvolver um país tão rápido que enfrentaram Hitler — descubram como eles fizeram isso. Mas o trabalho de vocês é lidar com a África, e não deixem que eles os desviem dizendo que um dia o proletariado europeu vai largar suas ferramentas para libertar os colonos. Eles não farão isso. Mas eu vou lhes dizer o que pode acontecer: um dia, vocês podem ser muito fortes e, se tirarem a África da estrutura imperial, forçarão aqueles trabalhadores lá de cima a ir para a esquerda e construir o socialismo no país deles.[*]

Mesmo nas décadas de 1960 e 1970, muitos continuavam acreditando que a União Soviética era um modelo funcional. Como Peter Dwyer, do Ruskin College, Oxford, e Leo Zeilig, editor da *Review of African Political Economy*, colocaram em 2018:

> Durante grande parte do século, as ideias do marxismo foram, aparentemente, onipotentes na África. Elas dominavam todos os debates intelectuais sérios sobre o continente e ocupavam a mente das pessoas que buscavam a independência. Muitos líderes anticoloniais acreditavam que a pobreza e o subdesenvolvimento só seriam revertidos pela aplicação do socialismo, ou mais especificamente do modelo soviético de desenvolvimento econômico.[**]

Nas décadas de 1950, 1960 e 1970, acreditava-se amplamente que Mao também havia criado um modelo bem-sucedido de socialismo. O livro de J. K. Gailbraith de 1973, *A China Passage*, afirmava que o modelo de Mao funcionava, mas subestimava a questão da Revolução Cultural. Muitos intelectuais apoiaram o socialismo, até seu colapso inesperado em 1989.

---

[*] George Shepperson e St. Clair Drake, "The Fifth Pan-African Conference, 1945 and the All African People's Congress, 1958", *Contributions in Black Studies* vol. 8, artigo 5 (2008): 21, https://scholarworks.umass.edu/cibs/vol8/iss1/5.

[**] Peter Dwyer e Leo Zeilig, "Marxism, class and revolution in Africa: the legacy of the 1917 Russian Revolution", *International Socialism*, 9 de janeiro de 2018, http://isj.org.uk/marxism-class-and-revolution-in-africa-the-legacy-of-the-1917-russian-revolution.

Que dano imenso esses líderes equivocados causaram! Eles não apenas empobreceram ainda mais a África por causa de economias controladas pelo governo como também estabeleceram estados ditatoriais de partido único por todo o continente. Tudo isso se deveu a crenças e políticas socialistas? Não, mas grande parte, sim.

Para que a África avance, temos que repudiar sólida e uniformemente o terrível legado socialista de nossos fundadores. Temos que considerá-los figuras trágicas, presas a ideias falsas e nocivas. Podemos honrá-los por terem avançado em direção à independência com intenções nobres, mas suas falhas fatais devem ser reconhecidas.

Além de Nkrumah, entre os fundadores estavam Julius Nyerere da Tanzânia, Kenneth Kaunda da Zâmbia, Leopold Senghor do Senegal, Modiba Keita de Mali, Mathieu Kerekou de Benin e Sekou Toure da Guiné. Para crédito de Senghor, ele defendeu uma versão não marxista do socialismo.

Os estados comunistas marxistas-leninistas na África eram:

- República Popular do Congo (1969-1992)
- República Democrática da Somália (1969-1991)
- Governo Militar Provisório da Etiópia Socialista (1974-1987)
- República Democrática Popular da Etiópia (1987-1991)
- República Popular de Moçambique (1975-1990)
- República Popular de Angola (1975-1992)
- República Popular de Benin (1975-1990)
- República Popular de Burkina Faso (1984-1987)

Havia também os regimes socialistas, mas não especificamente marxistas-leninistas, na África: Cabo Verde (1975-1992), Chade (1962-1975), República do Congo (1963-1968), Djibuti (1981-1992), Egito (1953-2007), Guiné Equatorial (1970-1979), Guiné (1958-1984), Líbia (1969-2011), Madagascar (1975-1992), Mali (1960-1991), Mauritânia (1961-1978), Senegal (1960-1981), Seicheles (1977-1991), Serra Leoa (1978-1991), Sudão (1969-1985), Tunísia (1964-1988) e Zâmbia (1973-1991).

Observe a onda de colapsos no início dos anos 1990. À medida que a União Soviética e seu apoio e prestígio desapareciam, a maioria dos estados socialistas marxistas e dos não marxistas iam desaparecendo. Há outras nações declaradamente socialistas na África até hoje, como Argélia, Eritreia,

Guiné-Bissau e Saaraui (reivindicando uma parte do "Marrocos Ocidental"). Todas continuam se dizendo socialistas.

Mas esta lista ainda subestima o quanto a África pós-colonial foi influenciada por ideias socialistas. Por exemplo, é verdade que em 1981 o Senegal legalizou partidos políticos não socialistas, mas o sucessor socialista escolhido a dedo por Senghor foi presidente até 2000, o que tornou o Senegal de fato socialista de 1960 a 2000. Na Nigéria, embora tenha sido uma das poucas nações africanas que não começou sendo explicitamente socialista, muitas das principais figuras do regime pós-colonial nigeriano inicial eram socialistas. De fato, a chamada Nigéria capitalista pós-colonial tinha "planos quinquenais" de estilo soviético para a economia. Era "capitalismo" de uma perspectiva fortemente liderada pelo Estado.

E, claro, há outras figuras, como Robert Mugabe, líder do Zimbábue (1980-2017), que alegava ser socialista e foi amplamente apoiado em seus primórdios como mais um revolucionário socialista africano. Mais tarde, o bispo Desmond Tutu o descreveria como "a caricatura de um ditador africano arquetípico".

(Esta piada popular é bastante reveladora: "É claro que temos democracia na África. Um homem, um voto, uma vez". Ou seja, eleições não mais.)

No Senegal, Senghor foi enaltecido como uma grande personalidade. Como eu poderia questionar nosso fundador? Por outro lado, logo no início, ele colocou na prisão Cheihk Anta Diop, nosso principal intelectual, por fundar um partido político concorrente. Mais tarde, seu sucessor socialista escolhido a dedo, Abdou Diouf, também colocou várias vezes na prisão Abdoulaye Wade, presidente do Senegal de 2000 a 2012, em grande parte por ser da oposição política.

Eu já sabia desses fatos sobre ele antes de começar a questionar as crenças anticapitalistas de meus amigos de São Francisco. Mas depois que comecei a entender a necessidade de liberdade econômica na África, percebi que precisaria reavaliar a lendária geração fundadora de líderes da independência. Isso é um acerto de contas que todos os africanos devem fazer para descobrir um caminho claro para a África.

George Ayittey teve seus olhos abertos para o papel antinatural e a-histórico do socialismo na África por seu amor e respeito pelas mulheres do mercado (como sua própria mãe), que ele vira serem abusadas. Quando começou a falar e escrever sobre o assunto, no final dos anos 1970 e início dos anos 1980, ele estava entre a meia dúzia de pensadores globais que acreditava que os mercados livres eram um caminho mais eficaz para o desenvolvimento. Como ele disse em *Africa Unchained*:

> Os mercados não foram inventados pelos europeus e transplantados para a África. Havia mercados livres nas aldeias da África antes que os europeus pisassem no continente. Esta não é uma tentativa velada de reescrever a história, e sim uma declaração de fatos. Timbuktu, Salaga, Kano e Mombasa eram grandes cidades mercantis antigamente. É muito bizarro e um ato de sabotagem cultural imperdoável que os governos africanos busquem gritantes políticas antimercado. Por exemplo, a atividade de mercado rural na África sempre foi dominada por mulheres, e essas comerciantes sempre foram empreendedoras livres. Rotas de livre comércio já atravessavam o continente séculos antes da chegada dos europeus. Mercados livres de aldeias, livre iniciativa e livre comércio são parte integrante da herança econômica autóctone da África. Constituem as "raízes" sobre as quais o futuro da África deve ser construído.*

Além de reconhecer que as culturas africanas são fundamentalmente pró-mercado, George também lembrou ao mundo que as culturas africanas tradicionais nunca permitiriam que seus líderes abusassem de seu povo como os revolucionários socialistas de partido único abusaram.

Como George observa, os líderes africanos tradicionais nunca teriam interferido no sistema de compra e venda de um mercado da maneira como os líderes africanos socialistas faziam rotineiramente. Além disso, muitas tribos podiam e regularmente depunham líderes abusivos. Ou membros insatisfeitos de uma tribo podiam se separar e formar uma nova comunidade.

Um artigo sobre as tradições de Botsuana destaca a deferência que os líderes tradicionais tinham pelo povo:

> Um ditado setswana transmite um atributo importante da cultura tradicional: *Kgosi ke Kgosi ka batho* — um chefe é um chefe pela vontade do povo. Os chefes geralmente consultavam as pessoas antes de tomar uma decisão sobre questões de qualquer importância. Embora não necessariamente respeitassem o consenso no *kgotla*, a tradição de consulta e busca de consenso é profundamente importante na sociedade tswana. Um chefe raramente

---

* George B. N. Ayittey, *Africa Unchained* (Nova York: Palgrave Macmillan 2005), p. 31.

arriscaria dar sua opinião no *kgotla* antes que todos que desejassem opinar o houvessem feito.*

Nenhum líder pós-colonial que usou a força do Estado para se manter no poder demonstrou esse respeito e deferência tradicionais pelo povo.

Sob essa perspectiva foi que todo o aparato estatal do colonialismo se estabeleceu, usando o objetivo da independência para criar líderes abusivos como a África tradicional nunca havia visto. Mugabe era estritamente um monstro do Estado. Se nós, africanos, realmente quisermos retornar a nossas raízes, precisamos não só questionar os regimes socialistas instalados pela maioria dos líderes na independência, mas também questionar todo o monopólio de governança fornecido pelo Estado moderno.

E por que não questionar o legado de nossos antigos senhores coloniais?

Durante grande parte do século XX, entre os acadêmicos a suposição era de que a sociedade africana havia sido organizada desde muito tempo em padrões semelhantes aos das sociedades socialistas e comunistas. Isso aconteceu devido à falta de evidências documentais, que eram escassas, especialmente após a destruição cultural perseguida pelas potências coloniais. Como Ibrahim Anoba escreveu em africanliberty.org:

> Historicamente, eles apresentaram o propósito coletivo contra o propósito individual, argumentando que a verdadeira e única filosofia da África tradicional era a da solidariedade e do assistencialismo, que impedia que um indivíduo fosse mais próspero que todos os outros. Eles rejeitaram todas as noções de autodeterminismo e ambição pessoal, considerando-as não existenciais na África tradicional, ao passo que alegavam que uma liderança de homem forte era a escolha de governança na maior parte da história política africana.**

"Liderança de homem forte" como a ordem natural na África. Conveniente, não? Mas como aponta Anoba, novos estudos provam que o estilo "homem forte" dos líderes africanos pós-coloniais *não é* o modelo de liderança nativo de todas as comunidades africanas:

---

* Stephen R. Lewis Jr., "Explaining Botswana's Success: The Importance of Culture", Carleton College, última modificação 18 de junho 2020, https://www.carleton.edu/president/lewis/speeches-writings/botswana-success/.

** Ibrahim Anoba, "Communism in Africa: Errors in Early Literature", African Liberty, 22 de outubro de 2018, https://www.africanliberty.org/2018/10/22/africas-communist-foundations-2/.

Em algumas comunidades africanas antigas, a autoridade não era central, ao passo que, em outras, nunca existiu. Em alguns casos, as pessoas tinham direito ao autodeterminismo em comunidades anárquicas e acéfalas. Algumas até tinham estruturas administrativas bem organizadas, mas sem monarcas nem conselho de elite governante centralizado.

Em comunidades como Tallensi (Gana), Logoli (Quênia) e Nuer (Sudão do Sul), não havia instituições que regulassem a vida social; eram puramente anárquicas. Entre as comunidades com sistemas de governança claramente definidos, a maioria tinha estruturas de mediadores institucionais e separação de poderes entre conselhos de governo — comparável ao sistema tripartite proposto pelo filósofo francês barão de Montesquieu em *The Spirit of the Laws* (1748).

Essas comunidades também prezavam padrões de freios e contrapesos para evitar concentração de poder ou abuso por um indivíduo ou grupo. Por exemplo, na comunidade Igbo (Nigéria), a autoridade era compartilhada entre grupos como os *ofo* (chefes de família), *ozo* (nobres) e grupos etários, com modelo semelhante entre os iorubás (Nigéria), os bété, dida e baoulé (Costa do Marfim), os nuer e dinka gnoc (Sudão do Sul), os massai (Quênia), os nyjakusa (Tanzânia) e as tribos tonga (Zâmbia).*

O estado monolítico que passou a dominar as nações pós-coloniais é estritamente uma importação colonial — e trágica.

Mais intrigantemente, pelo menos algumas sociedades africanas foram capazes de desenvolver estruturas de governança sofisticadas sem um estado. A Somália tem sido considerada, desde 1992, um sinônimo de anarquia, mas há um debate antigo e pouco conhecido sobre até que ponto as estruturas legais e de governança nativos somalis deram à Somália certas vantagens. Sem entrar em debates mais profundos, a questão é que o *kritarchy*, governo de juízes de clãs somalis tradicionais, substituiu com sucesso o governo em muitas partes da região. O antropólogo Spencer MacCallum argumentou que a violência flagrante na área de Mogadíscio se deve ao fato de que a comunidade internacional forçou um indesejado governo central e antinatural sobre os somalis. Ao fazer isso, criaram incentivos de alto risco para batalhas pela supremacia entre clãs, incluindo o monopólio legal da significativa força e ajuda estrangeira.

---

* Anoba, "Communism in Africa".

Além disso, as dificuldades que a Somália passou a ter a partir de 1992 eram pouco diferentes das de muitas outras nações africanas desde o colapso do império soviético. As guerras civis na África desde 1989 envolvem violência na Libéria, Ruanda, Níger, Mali, Djibuti, Serra Leoa, Argélia, Somália, Burundi, Congo, Namíbia, Etiópia, Uganda, Eritreia, Guiné-Bissau, Costa do Marfim, República Centro-Africana, Sudão, Chade, Quênia, Camarões, Comores, Sudão do Sul e Líbia.*

De fato, embora varie a definição de conflito, afirma-se, com credibilidade, que as únicas duas nações da África subsaariana que evitaram golpes e guerras civis desde sua independência foram Senegal e Botsuana.

Quase qualquer pessoa que conheça a história do conflito civil na África percebe que as fronteiras artificiais impostas pelas potências coloniais não se alinham com as realidades étnicas. Por meio da organização de africanos em estados-nação, com fronteiras arbitrariamente traçadas e governadas por um governo central, o Ocidente imprudentemente criou um campo propício para conflitos étnicos. As etnias minoritárias têm receio de sofrer abusos por parte daquelas que capturam o poder do governo central.

Portanto, são muito facilmente propensos a se organizar e aderir a movimentos separatistas ou se implicar em conflitos para atingir seus objetivos. A mesma dinâmica resultou na divisão pós-marxista da Iugoslávia em cinco países, com violência similar entre enclaves étnicos.

Aqui não é lugar para falar sobre como lidar com esses desafios, mas quero recordar a meus companheiros africanos e ao mundo que:

- Nossas instituições autóctones apoiavam inteiramente as transações voluntárias de mercado (também conhecidas como "capitalismo"). Essas instituições de mercado levaram à riqueza vários impérios africanos ao longo dos séculos. Em alguns períodos, vários impérios africanos eram mais ricos que as nações europeias da mesma época.

- O socialismo de estado marxista de nossos líderes na independência era profundamente antiafricano. Em todas as nações onde foi imposto, o resultado foi pobreza e violência.

- Os estados-nação da África são, hoje, um resíduo do colonialismo e antinaturais. Eles carregam dentro de si as sementes de conflitos sem fim.

---

* Meredith Reid Sarkees e Frank Wayman, *Resort to War: 1816—2007* (Washington DC: CQ Press, 2010), https://correlatesofwar.org/data-sets/COW-war.

* * *

Conforme vamos recuperando nossa herança, precisamos examinar e reexaminar quais instituições ocidentais estão alinhadas com nossas instituições nativas e com nossos melhores interesses futuros — e quais não.

Por fim, só mais umas palavras sobre Senegal e Botsuana, os dois alheios ao conflito civil. Meu país, Senegal, evitou conflitos, em grande parte, devido à influência das irmandades sufis, que estão comprometidas com a paz. Por exemplo, o xeique Ahmadou Bamba, fundador do mouridismo, a maior e mais influente das quatro principais irmandades sufis, foi um defensor fervoroso da não violência no final do século xix, bem antes de Tolstói, Gandhi ou Martin Luther King Jr. ficarem famosos por promover a não violência.

Antropólogos e cientistas políticos estudaram o papel das irmandades sufis na repressão a jovens impetuosos propensos à violência — assim como jovens impetuosos no mundo todo.

"Uma das características definidoras da vida política senegalesa pós--colonial foi a adoção de ordens sufis e líderes religiosos (marabutos) pelo primeiro presidente do país, Leopold Senghor, embora ele fosse católico",* escreveu Andrew Lebovich, estudioso da África Ocidental. Senghor cometeu muitos erros, mas seu respeito pelas irmandades sufis tradicionais rendeu dividendos enormes.

Botsuana teve a sorte de ter como seu primeiro líder pós-independência Seretse Khama, que tinha linhagem real em sua nação e era advogado formado em Oxford. Khama sabiamente integrou o melhor do sistema legal tradicional de sua nação com o sistema jurídico britânico do direito comum. Como observa Stephen R. Lewis Jr.:

O BDP [Partido Democrático da Botsuana, na sigla em inglês] estudou outras constituições antes de redigir suas propostas para a conferência constitucional [...]

Os líderes do bdp procuraram um "meio-termo" sobre o papel dos chefes, das leis e práticas consuetudinárias [...]

---

* Shadi Hamid e Andrew Lebovich, "Why are there so few Islamists in West Africa? A dialogue between Shadi Hamid and Andrew Lebovich", The Brookings Institution, 20 de abril de 2017, https://www.brookings.edu/on-the-record/why-are-there-so-few-islamists-in-west-africa-a-dialogue-between-shadi-hamid-and-andrew-lebovich/.

Os chefes mantiveram seus papéis de juízes de disputas e dispensadores de justiça de acordo com a lei consuetudinária. Assim, para o cidadão médio, o sistema legal não mudaria após a independência. Um tribunal de apelações garantia a congruência entre a lei consuetudinária, estatutária e comum, e fornecia uniformidade na aplicação da lei e um fórum para apelação. Tribunais consuetudinários foram estabelecidos em áreas urbanas e nas novas cidades mineiras, para que tanto os botsuanos urbanos quanto os rurais [sic] pudessem levar casos para julgamento sem um advogado. Hoje, 75% a 80% de todos os casos civis e criminais menores ainda são resolvidos em tribunais consuetudinários.

A reforma da chefia foi, sem dúvida, facilitada pelo fato de Seretse Khama ter ascendência real [...]

A forte tradição tswana de consulta foi adotada pelo líder do BDP. Ela influenciou a maneira como eles recrutavam membros do partido, como abordavam o eleitorado e como formulavam políticas e tomavam decisões. A tradição *kgotla*, pela qual as pessoas dão abertamente suas opiniões, era facilmente transferível para um sistema de eleições democráticas com uma declaração de direitos que protege a liberdade de expressão e encoraja amplas consultas.*

A integração do direito consuetudinário tradicional com o direito comum britânico deu a Botsuana uma base jurídica excepcionalmente sólida. Como resultado, de 1960 a 1980 Botsuana foi a nação de mais rápido crescimento do mundo. Até hoje, ela está classificada entre as cinco nações mais bem governadas da África no Ibrahim Index of African Governance (2019), e o Senegal está entre as dez primeiras.** Note o que essas duas exceções têm em comum: uma base em instituições autóctones pré-coloniais — no caso do Senegal, as irmandades sufis; no caso de Botsuana, o direito consuetudinário tradicional complementado pelo direito consuetudinário britânico.

Se ao menos outras nações africanas pós-coloniais houvessem também respeitado suas leis consuetudinárias e relações de mercado em vez de impor um estado socialista estrangeiro a seu povo!

---

* Stephen R. Lewis Jr., "Explaining Botswana's Success: The Importance of Culture", Carleton College, última modificação em 18 de junho de 2020, https://www.carleton.edu/president/lewis/speeches-writings/botswana-success/.
** Mo Ibrahim Foundation, *2020 Ibrahim Index of African Governance Index Report*, 2020, https://mo.ibrahim.foundation/sites/default/files/2020-11/2020-index-report.pdf.

9

Àkk àkkum gaynde, song songum bukki
(Comande com o espírito de um leão,
mas ataque como uma hiena)

Às vezes, fico muito desanimada. Mas quando isso acontece, sempre me lembro de um dia de 2007, quando vi o possível futuro da África se abrir diante de meus olhos.

Eu estava em Arusha, Tanzânia, em uma reunião do TED Global. TED é uma organização sem fins lucrativos que promove novas ideias sediando reuniões nas quais vários palestrantes dão "palestras curtas e poderosas". É um projeto incrivelmente popular; os vídeos dessas palestras têm dezenas de milhões de visualizações no YouTube.

E lá estava eu, uma entre os cem africanos escolhidos para participar da primeira turma do Programa TED Fellows. Na época, a África era um tópico da moda entre a *intelligentsia* mundial, e as TEDs estavam em voga. Todo o mundo que era alguém estava lá, como Bill Gates, Larry Page e Sergey Brin (os fundadores do Google, conhecidos como Google Boys) e até Bono, vocalista do U2.

Foi para essa gente que George Ayittey falou o que pensava. Que revelação! Ele arrasou. Primeiro, George agradeceu ao TED por organizar — nas palavras dele — a conferência mais importante do século XXI. E então, fez que assim fosse.

Ele se referiu a nós, TED Fellows, como a Geração Guepardo (e, portanto, serviu de exemplo para a minha nova iniciativa). Ele nos definiu como "uma nova geração que não tolera desculpinhas para a corrupção. Eles entendem o que é responsabilidade e democracia [...] não esperam que o governo faça as coisas por eles. A salvação da África está nas mãos deles".

Esse foi o chamado à ação que estávamos esperando. Foi eletrizante para os cem Fellows, mas também teve um impacto profundo em todos os bons samaritanos ali reunidos. Era a primeira vez que muitos ali ouviam as ideias de George — ideias indispensáveis que tirarão a África da pobreza. Primeiro e mais importante, claro, isso significa que os africanos têm que se erguer por si mesmos. Não podemos confiar no que George ironicamente chamou de "Geração Hipopótamo" — as elites governantes.

O que queriam as elites governantes da África? Mais ajuda estrangeira, claro. Por quê? Porque eles a roubam.

Finalmente, ali estava um homem contando ao cartel da ajuda a feia verdade: não só que a ajuda que eles vinham jogando na África não estava ajudando os africanos comuns, mas também que estava sustentando algumas das piores pessoas do continente. Eles ficaram aturdidos.

George estava dando tudo de si.

"As elites governantes estão presas em seu cantinho intelectual, reclamando do colonialismo e do imperialismo", disse ele. "Elas não vão reformar suas economias porque se beneficiam desse *status quo* podre."

Foi emocionante, sobretudo porque, se alguém perguntasse à maioria dos presentes por que a África era pobre, as primeiras palavras que diriam seria colonialismo e imperialismo. Mas lá estava George dizendo a todos que estavam completamente errados. "Ajudar a África é nobre", ele afirmou, "mas é como um teatro do absurdo. É como um cego guiando outro".

E quanto aos líderes da África? "Se observar a lista de líderes africanos pós-coloniais", disse ele, "você verá vários militares decadentes, socialistas de bancos suíços, libertadores de crocodilos, elites vampiras [e] charlatões libertadores! Na África, o problema são os governos!".

É de se espantar que eu tenha ficado tão animada?

Então, Andrew Mwenda subiu ao palco e continuou de onde George havia parado. Falando diretamente com os presentes, Mwenda apontou que, enquanto aquela palestra TED acontecia, o G-8 se reunia em Berlim. Disse que os líderes das oito maiores economias do mundo tinham uma solução para a pobreza africana: um aumento massivo na ajuda.

Mwenda chamou isso de absurdo.

Ele declarou que o mundo via a África de um jeito errado porque a mídia enfatizava suas piores dificuldades, da guerra civil à fome. Que a África era muito mais, e os problemas reais eram muito diferentes. Claro que os medicamentos doados eram úteis, assim como as tropas de manutenção da paz, mas as nações que queriam colaborar deveriam fornecer ajuda de uma maneira que não reduzisse a iniciativa.

O que significava que o "cartel de ajuda internacional" deveria revisar suas prioridades. Em vez de buscar a redução da pobreza, deveria promover a criação de riqueza.

"Tratar os sintomas não é produtivo", garantiu ele. "De onde vem a riqueza? Dos empreendedores. Então, onde deveríamos colocar o dinheiro? Precisamos colocá-lo onde ele possa crescer produtivamente!"

Apoiem o investimento privado na África!

Eu queria me levantar e ovacioná-lo, e foi o que fiz.

E então, algo engraçado aconteceu. Mwenda perguntou se alguém poderia citar uma pessoa que havia enriquecido recebendo caridade. Silêncio. E prosseguiu com outra pergunta: "Alguém aqui conhece um país que ficou rico graças à gentileza e generosidade de outro?"

A plateia fez um silêncio mortal durante alguns segundos, até que ouvimos uma voz gritando na plateia: "Sim, a Irlanda!" Era Bono.

Gentilmente, Mwenda corrigiu Bono dizendo que a Irlanda recebera uma oportunidade, não riqueza. "E as oportunidades têm que ser aproveitadas."

E então, ele acrescentou: "A África recebeu muitas oportunidades, mas não as aproveitou. Por quê? Porque a África tem uma estrutura institucional e política pobre." Ele ressaltou que a maioria dos governos, no resto do mundo, levanta as receitas necessárias da população, mas uma base tributária saudável requer empresas e indivíduos saudáveis. Na maior parte do mundo, a liderança não pode enfraquecer totalmente aqueles que geram riqueza.

Mas na África, segundo Mwenda, é diferente. Nossos incentivos são distorcidos pela ajuda.

Os governos africanos ignoram seu povo e negociam incansavelmente com o Fundo Monetário Internacional, o Banco Mundial e o cartel de benfeitores do mundo. (Recentemente, a China foi acrescentada a esse mix; e o financiamento chinês nem sequer finge promover os direitos humanos.)

No entanto, o que ele gentilmente não disse foi ouvido, em alto e bom som, pelos presentes: "Eles podem simplesmente pedir dinheiro a vocês".

Visto que, essencialmente, é o governo quem tem todo o dinheiro, os mais ambiciosos sempre buscam um ponto de apoio. O resultado é ridículo. Mwenda disse que, em sua nação natal, Uganda, o presidente tinha 114 conselheiros oficiais "que só o veem na TV".

O dinheiro da ajuda continua chegando, mas não tem efeito sobre a pobreza. Para onde vai, então? Mwenda informou que um estudo recente do governo revelara que o Ministério da Saúde de Uganda tinha 3 mil veículos 4x4 em sua sede. Que Uganda tinha 916 subcondados, cada um com um ambulatório, mas nenhum possuía ambulância.

Os 4x4 ficavam na sede "para transportar os ministros, os secretários permanentes, os burocratas locais e os da ajuda internacional que trabalhavam em projetos humanitários, enquanto os pobres morriam sem medicamentos e ambulâncias".

Nossa, que furor! Que evento maravilhoso!

George havia compilado listas de ditadores, e quanta riqueza eles acumularam — normalmente, na casa das centenas de milhões ou até bilhões de dólares. Em suas palavras:

> Quando o presidente socialista de Angola, José Eduardo dos Santos, deixou o cargo em 2017 após 39 anos no poder, havia acumulado um patrimônio líquido de US$ 20 bilhões. Sua filha, Isabel, é a mulher mais rica da África, com um patrimônio líquido registrado de US$ 2,2 bilhões. Enquanto isso, 60% dos angolanos vivem com menos de US$ 2 por dia — a própria definição de pobreza. Belos socialistas!
>
> Outros líderes africanos também traíram a causa da liberdade ao capturar o estado e transformar a presidência em propriedade de sua família. O "governo" desapareceu, sequestrado por uma falange de bandidos, vigaristas e gângsteres que usaram a máquina estatal para enriquecer a si mesmos, seus comparsas e colegas de tribo, excluindo todos os outros. Os mais ricos são chefes de estado e ministros. Muitas vezes, o bandido-mor é o próprio chefe de estado. Para contextualizar: o patrimônio líquido de 43 presidentes dos EUA — de Washington a Obama — chegou a US$ 2,7 bilhões de dólares em 2010. Em comparação, os seguintes presidentes africanos — Abacha, Babangida, Bashir, Mubarak e Mobutu — *roubaram* mais que o patrimônio líquido de 43 presidentes dos EUA *juntos*!
>
> Esse estilo de governança é ilegal. Os chefes africanos tradicionais não brutalizam seu povo, não saqueiam o tesouro tribal para depositar o dinheiro em bancos estrangeiros, não continuam sendo chefes enquanto seu povo sofre na miséria.*

---

* George B. N. Aittey, Take Back Africa!, https://www.patreon.com/user?u=29211917.

George deu a Bono um exemplar de seu livro, *Africa Unchained*, a obra que mudou tudo para mim e que fará o mesmo com a África toda.

Dou a Bono muito mais crédito que à maioria. Sete anos depois, ele mudou de ideia e passou a chamar a ajuda de esforço "quebra-galho". Inclusive, promoveu a ideia, com a qual concordo, de que "comércio é melhor que ajuda". Talvez o mais notável seja que ele fundou uma empresa que compra produtos feitos na África e os revende nos Estados Unidos e na Europa.

O TED organizou outra conferência dez anos depois. Bono não estava lá, claro. Nem os Google Boys ou Bill Gates. Nos anos seguintes, a África perdeu seu prestígio. Mas fiquei feliz de ver meus amigos. Mwenda estava desaparecido, achávamos que talvez estivesse de novo na prisão, onde passara boa parte dos últimos anos devido à sua explícita oposição ao governo. Todavia, a caridade mundial passou para outras questões, sendo uma delas — não a menor — a crise econômica de 2008.

Nos Estados Unidos, vários pretos sendo baleados pela polícia, começando com Michael Brown em 2014 em Ferguson, Missouri, também reorientou a população dos EUA a suas próprias questões raciais.

Mas o fato de a África não estar mais no radar da consciência dos benfeitores do Ocidente ainda me surpreende. Não posso deixar de me perguntar se acaso a África era mais interessante quando éramos considerados dignos de dó, sem esperança, do que quando começamos a ser considerados empreendedores e agentes de mudança por direito próprio.

BONO E GEORGE AYITTEY

10

Xam-xam ñeent a koy kulóor: di ko bind, di ko jàngale, di ko waxtaane, mbaa di ko (Quatro coisas devemos fazer com o conhecimento: escrevê-lo, ensiná-lo, falar sobre ele e aplicá-lo)

O momento da primeira palestra TED global na Tanzânia em 2007 foi bom para mim, mas não só porque eu já questionava tudo que achava que sabia sobre pobreza e criação de riqueza. Eu também vinha sendo convidada regularmente para falar para públicos semelhantes, particularmente em universidades. Minha carreira de palestrante começou por causa da Adina. Quando fundei a Adina, eu era, indiscutivelmente, uma das primeiras pessoas africanas a fazer o que fiz. Antes de mim, muitos brancos haviam pegado receitas nativas e, depois de reformulá-las e renomeá-las, vendido para o público-alvo da Whole Foods. Mas eu fui uma das primeiras africanas a trazer algo de minha terra natal.

Sem dúvida, minha mensagem sobre *branding* repercutiu no mundo em desenvolvimento.

Você precisa entender: o domínio da cultura dos EUA no mundo é avassalador. A motivação que me levou a fundar a Adina — minha consternação ao ver minha cultura desaparecer diante das marcas dos EUA e de outras ocidentais — está acontecendo em todos os lugares. As marcas comerciais dos

EUA, graças à internet e à globalização, estão ganhando mercado em detrimento de produtos nativos e tradições culturais do resto do mundo.

Por isso muitas pessoas de países em desenvolvimento — mesmo entre as que têm estudo e conhecem o mundo — não sabiam do apetite dos Estados Unidos por marcas culturalmente autênticas de outros lugares. Em minhas palestras, quando falava sobre o poder de criar uma marca para os produtos nativos como uma forma de ganhar dinheiro e apoiar a própria cultura, o público na África, no Oriente Médio e na América Latina me ouvia. Depois de minhas palestras, jovens aspirantes a empreendedores invariavelmente me procuravam para discutir suas ideias sobre adaptar produtos da cultura deles para clientes ocidentais.

Em um mundo dividido entre artistas e criativos culturais de um lado e empresários ambiciosos e obstinados do outro, eu fornecia uma nova perspectiva interessante. Fiquei muito impressionada com o poder das marcas de consumo. Em todos os lugares a que eu ia, os jovens estavam totalmente focados em marcas de consumo dos EUA: Levi's, Apple e tal. Todo mundo queria ir à Disney. Quando eu apontava isso para meu público internacional, as pessoas timidamente reconheciam que, de fato, as marcas dos EUA dominavam sua mente. Eu explicava que até o icônico personagem Papai Noel, com sua longa barba branca, barrigão, roupa vermelha e risada característica, era o legado de uma campanha de marketing da Coca-Cola da década de 1930. No entanto, no mundo todo, essa era a imagem do Papai Noel.

Desde que fundei a Adina e depois a Tiossan, diversas outras marcas africanas foram desenvolvidas. Hoje em dia, vejo House of Tayo, Bantu Wax, Mami Wata, Sole Rebels, Alaffia e muitas mais. Houve uma pequena revolução de marcas africanas, mas quando comecei com a Adina, meus pares africanos riam de mim. Poucos acreditavam que seria possível fazer o que eu pretendia. Tenho orgulho de ter aberto um caminho para o Ocidente, e muitos me seguiram.

Tive duas grandes oportunidades que definiram meu sucesso como palestrante. A primeira foi o Global Competitiveness Forum, em Riad, em 2009. Na época, eu era uma ferrenha defensora do comércio justo e orgânico e me opunha ao que considerava, então, grandes corporações malignas.

Quando recebi o convite e vi a lista de palestrantes, primeiro pensei que eu havia sido chamada por engano. A lista estava repleta de títulos como CEO da Airbus, presidente do Goldman Sachs, CEO da 3M, ex-primeiro-ministro do Canadá, ex-primeiro-ministro da Grã-Bretanha e assim por diante. E depois eu, Magatte Wade, uma mulher muito jovem, mal saída de meus vinte anos, presidente de uma pequena empresa. Lembro-me de ter dito a Michael:

— Eles não encontraram um representante africano melhor? É ridículo!

Felizmente, ele sabia o que responder:

— Não acho que seja engano. Você precisa se dar mais crédito. E mesmo que seja, você mostrará a eles que mereceu estar ali.

Gostei disso!

Mais tarde, eu soube que não ia apenas falar; ia debater com Peter Brabeck-Letmathe, presidente e ex-CEO da Nestlé. Íamos discutir a importância dos orgânicos. Brabeck-Letmathe ia argumentar contra os orgânicos, e eu, a favor. O organizador da conferência estava 100% convencido de meu compromisso com a sustentabilidade.

Então, tranquilo. Subi no palco cheia de confiança. Afinal, eu desdenhava a Nestlé e a maioria de suas práticas. Imediatamente, comecei a atacar Brabeck-Letmathe. Durante um momento acalorado, na frente daquela multidão de centenas de pessoas, entre as quais se achavam os principais agitadores e influenciadores do mundo, eu apontei para ele e disse: "Eu acredito em criticar criando. Você é uma das razões de eu ter fundado a Adina." Ah, a multidão adorou, e a partir daí, ele ficou na defensiva.

Eu estava indo muito bem, até que o moderador, Riz Khan (um proeminente jornalista da BBC, CNN e Al Jazeera), me fez a pergunta que quase estragou tudo. Foi uma questão muito técnica e muito longa sobre água. E devido a sua importância para os resultados financeiros da empresa, a água era uma das especialidades de Brabeck-Letmathe.

Caramba... Michael quisera me preparar para esse assunto, mas eu deixara de lado porque me parecera muito técnico. Pobre Michael! Ele estava ouvindo pelo Skype, apreensivo, mas não havia nada que pudesse fazer por mim naquele momento em particular.

Quando Khan concluiu sua pergunta de quase um minuto, eu me dei conta de que não existia uma resposta viável. Uma sensação horrível de decepção crescia dentro de mim. Achei que finalmente seria desmascarada e que todos saberiam que eu não tinha nada que estar ali. E o fato de eu não ter uma resposta relevante para aquela pergunta era a prova disso. Grandes lágrimas começaram a se formar em meus olhos e, enquanto eu me preparava para abandonar o palco chorando, o milagre aconteceu. Brabeck-Letmathe, que havia ficado mordido por causa do que eu dissera antes, perdeu as estribeiras, não me deixou responder à pergunta e começou a se defender de meu ataque anterior. Khan, todo cavalheiro, procurou me dar uma chance de responder, mas a mesma coisa aconteceu de novo. Então, eu disse apenas: "Tudo bem, Riz, vamos em frente".

Aí, peguei a bola e puxei o público de volta a meu território, que eu controlava muito bem, porque orgânicos e sustentabilidade são questões vitais para mim, nas quais acredito profundamente. Brabeck ficou tão furioso que deixou escapar: "Orgânicos são apenas um truque de marketing!"

Uau! Isso vindo do homem que declarara que sua presidência refletiria uma nova meta de "comércio justo e orgânico"!

Ganhei o debate, e as pessoas começaram a prestar atenção. Os sauditas responderam particularmente bem. Fui palestrante regular naquela conferência nos anos seguintes. Também recebi convites para falar em várias universidades femininas sauditas, em conferências em Dubai e no resto do mundo. Nos países em desenvolvimento, muitos gostavam de mim. Ainda hoje, nos Estados Unidos, adolescentes e mulheres jovens se identificam comigo, porque veem uma mulher forte.

A segunda grande oportunidade foi o artigo que Michael e eu escrevemos sobre Jeff Sachs no *Huffington Post* — aquele que escrevi depois que li o folheto das *Millennium Villages* que alertava os visitantes a não alimentar os nativos. Eu já tinha a reputação de ser uma pessoa com ideias diferentes sobre a África, de não querer a ajuda e, particularmente, não querer condescendência. Foi uma nova abordagem minha à ajuda, e foi bom porque criticava um dos "meninos de ouro".

Desde então, tenho sido requisitada. Nunca me inscrevi em uma agência para isso porque não preciso, recebo mais convites do que posso aceitar. Ao mesmo tempo, o cerne de minha mensagem passou lentamente de *branding* e orgânicos à importância maior de melhorar o ambiente de negócios africano. Ainda sou apaixonada por meu trabalho de *branding* e ainda defendo que se façam negócios de uma forma que não prejudique o meio ambiente, mas tirar mais de 1 bilhão de africanos da pobreza é a causa maior.

Assim como minha rede de amizades mudou de progressista para libertária, minhas oportunidades de falar e meu público também mudaram. Percebi que estava despertando mais interesse no movimento libertário. Isso começou com a Universidade Francisco Marroquín, a heroica faculdade da Guatemala. Depois, a Foundation for Economic Education (FEE), nos

Estados Unidos. Falei na Mt. Pelerin Society e no Cato Institute, e estive no programa de John Stossel.

Contudo, independentemente de meu público e de suas tendências, minha mensagem continua a mesma: para que os africanos prosperem, precisamos lutar para que haja mais liberdade econômica na África.

George Scharffenberger, um rebento da empresa de chocolate de São Francisco, vive me convidando para falar em Berkeley, onde ele dá aulas. George fazia parte de meu círculo antes de minha conversão e, por incrível que pareça, ainda é meu amigo. É uma pessoa honesta e decente que gosta das ideias verdes e de comércio justo, mas também reconhece o valor dos mercados livres e do empreendedorismo social. Ele não gosta de fazer alarde, mas sempre me apoiou na divulgação de minha mensagem.

Vou fazer uma pausa um instante para mostrar uma coisa.

Caro leitor, consegue entender o que esta mensagem significa?

- Na República Centro-Africana, são necessários 17 documentos, 55 dias e US$ 5.555 por contêiner para importar mercadorias.
- Em Angola, são necessários 44 procedimentos que exigem 1.296 dias para fazer cumprir um contrato. Em média, o processo custa 44% do que é solicitado.
- Na Eritreia, são necessários 13 procedimentos, 84 dias e 21% do rendimento médio *per capita*, além de 94% do rendimento médio *per capita* em capital realizado para abrir uma empresa legalmente (basicamente, a pessoa tem que pagar a renda de um ano para abrir uma empresa).

Compare isso com a Nova Zelândia, onde abrir uma empresa requer um procedimento, meio dia, 0,2% da renda média *per capita*. E não há exigência de capital mínimo.

Meu país natal, Senegal, é muito melhor que a Eritreia graças às reformas dos últimos anos. Agora, são necessários quatro procedimentos, seis dias, 23% da renda média *per capita* e 3% da renda média *per capita* em capital realizado.

Algumas nações africanas se encontram na metade superior do índice Doing Business (DB) do Banco Mundial (classificação entre 190 países):

13: Maurício (uma pequena nação insular que agora tem renda média graças a seu ambiente de negócios).

38: Ruanda (nos últimos anos, um dos países que mais melhoraram no ranking do Banco Mundial e por muitas vezes foi a economia com crescimento mais rápido na África).

56: Quênia (Vai, Quênia!).

84: África do Sul (infelizmente, caindo no ranking Doing Business).

85: Zâmbia (Quase caindo da metade superior, mas ainda está bem).

87: Botsuana (Quase caindo da metade superior, mas ainda está bem).

Enquanto isso, veja os 20 inferiores:

171: Sudão (África).

172: Iraque (guerra).

173: Afeganistão (guerra).

174: Guiné-Bissau (África).

175: Libéria (África).

176: Síria (guerra).

177: Angola (África).

178: Guiné Equatorial (África).

179: Haiti (famoso caso perdido).

180: República do Congo (África).

181: Timor-Leste (guerra).

182: Chade (África).

183: República Democrática do Congo (África).

184: República Centro-Africana (África).

185: Sudão do Sul (África).

186: Líbia (famoso caso perdido).

187: Iêmen (guerra).

188: Venezuela (famoso caso perdido).

189: Eritreia (África).

190: Somália (África).

Poderia ser mais óbvio?

Vamos falar sobre o resultado dessa bagunça de papelada. Muitos pulam toda essa confusão de papelada para abrir uma empresa pelo método antigo, testado e aprovado: suborno de funcionários.

Todo o mundo fala da corrupção na África; esse é outro golpe contra nós. Mas as pessoas falam da corrupção como se fosse um problema de raiz. Acreditam que os africanos são inerentemente mais propensos à corrupção que outros povos. Mas não é esse o caso.

A corrupção é uma consequência natural de muitas leis sem sentido — leis que nos mantêm pobres.

Haveria tanta corrupção nos Estados Unidos se as incorporadoras tivessem que lidar com caminhões de regulamentações só para construir uma casa? Pode apostar que sim. Tenho muitos amigos nos EUA que conhecem pessoas da área da construção que contornam a necessidade de alvarás. E o trabalho delas custa uma grana!

Tanto na África quanto nos Estados Unidos, a única maneira de acabar com a corrupção é reduzindo e simplificando as leis.

A boa notícia é que meu país, o Senegal, tem trabalhado duro para simplificar o processo de abertura de uma empresa. E a má notícia? Bem, vamos dar uma olhada em alguns recursos da versão "simplificada" fornecida pela Agence de Promotion de l'Investissement et des Grands Travaux (APIX), nossa "loja de departamentos" para *startups*.

É possível solicitar isenção do pagamento de impostos sobre mão de obra e equipamentos pelos três primeiros anos de operação (com possibilidade de extensão por mais dois anos). Isso é chamado de período de investimento. Não resulta em nenhuma economia, simplesmente é a suspensão dos impostos que deveriam ser pagos nos primeiros três a cinco anos. Depois disso, é preciso pagar o imposto sobre valor agregado (IVA) devido sobre tudo que foi importado para a operação da empresa.

Para a qualificação para essa duvidosa isenção, é preciso que seja feita uma lista com todos os materiais que o requerente pretende importar para funcionar: computadores, carros, mesas etc., com uma descrição o mais completa possível, incluindo o custo. Se importar algo ligeiramente diferente ou a um preço diferente, poderá ter problemas.

Sem dúvida, reunir essas informações toma tempo, é trabalhoso e caro. E o pior é, talvez, que acaba com a flexibilidade e a liberdade necessárias para agir depressa, o que é absolutamente necessário ao abrir uma empresa. A pessoa fica amarrada, esperando a aprovação de um funcionário público — a menos que queira pagar todos os impostos imediatamente na alfândega, claro.

E, a propósito, se a empresa falir? Dureza, mas você paga do mesmo jeito.

Mesmo assim, as pessoas estão animadas com a APIX e suas promessas. Não consigo pensar em uma maneira melhor de ilustrar como as condições estão ruins atualmente.

O sistema tributário do Senegal é excepcionalmente complicado. Temos que fazer 53 pagamentos por ano, o que consome uma média de 416 horas anuais para realizar os cálculos e lançamentos e toma 45% dos lucros de uma pequena ou média empresa. Quantas empresas realocariam operações de, digamos, Singapura ou Bahamas para investir no Senegal?

Quando importamos matéria-prima e embalagens, temos que pagar taxas alfandegárias na fronteira. As tarifas padrão são de 45% para uma copiadora e 28% para um computador. Meu custo para itens básicos de operação é aproximadamente 30%-45% maior por item que o que pago nos Estados Unidos.

Depois de investir tempo e dinheiro consideráveis, finalmente encontrei um funcionário alfandegário bem-intencionado que encontrou uma isenção de um ano nas importações para novas empresa, mas com as seguintes condições:

A isenção se aplica somente a materiais trazidos para serem incorporados ao produto acabado, que deve ser exportado como produto acabado dentro de um ano.

A empresa deve ter um local de fabricação e armazenamento homologado (algo que *startups* raramente têm).

Noventa por cento da produção anual precisa ir para a exportação e 10% para o mercado local. Isso se aplica mesmo se não houver um mercado local para esses 10%. Se quiser exportar os 10% restantes, você tem que solicitar a aprovação do diretor geral da alfândega.

É preciso haver um acompanhamento (também conhecido como controle governamental) sobre a repatriação de moedas (*suivi sur rapatriement des devises*), começando em 3 milhões de CFA, o que equivale a aproximadamente US$ 6 mil. É uma etapa que se faz com o banco, e é muito trabalhosa.

Um especialista licenciado pelo governo deve determinar sua "taxa de rendimento de fabricação". Isso se refere à porcentagem de itens não defeituosos de todos os produzidos e, em geral, é indicada pela proporção entre o número de itens não defeituosos e o número de itens fabricados. Na maioria dos processos de fabricação, você acaba com menos do que planejou, por perdas devido a, por exemplo, derramamento ou evaporação. Às vezes, um lote ruim precisa ser descartado. Com um especialista licenciado (pré)determinando essa porcentagem, o governo tenta evitar que você traga mais matéria-prima do que precisa no período de isenção. Cumprir esse requisito significa que temos que divulgar nossas formulações e etapas detalhadas de produção a terceiros. Mas esses são nossos segredos industriais; pagamos muito dinheiro para que fossem desenvolvidos durante o processo de pesquisa e desenvolvimento. Não é difícil entender que são informações sensíveis demais para compartilhar com terceiros, sobretudo em ambientes onde nem sempre se pode ter certeza da integridade desses terceiros. É uma proposta arriscada. Tão arriscada, na verdade, que nós decidimos, como empresa, que os benefícios da economia que faríamos escolhendo esse caminho não superavam os riscos.

* * *

Essa decisão foi facilitada por este simples fato: mesmo que você quisesse contratar um desses especialistas, não conseguiria encontrar nenhum. Três anos depois, ainda estou esperando que o alto funcionário da alfândega me mande indicações desses tais especialistas ou me dê dicas sobre onde começar a procurar. Em sua defesa, devo salientar que ele está morrendo de vergonha por não saber onde encontrá-los, e, além disso, a lei não indica nenhuma fonte de informação desse tipo. "Você tem que obedecer usando os serviços de um X muito específico imposto por nós, mas não podemos lhe dizer onde encontrar X. Boa sorte!"

Se por algum milagre você conseguisse encontrar X, procuraria o Ministério da Indústria para tirar uma *admission temporaire exceptionnelle* ("admissão temporária excepcional"), que exigiria que você apresentasse pelo menos mais sete documentos.

Algumas coisas devem ter mudado desde que isso aconteceu, há pouco mais de três anos, mas você pode ver como esse processo é complexo e sem sentido. E tente imaginar todos os controles que haverá quando começar a operar, e as muitas vezes que terá que protocolar todos os tipos de registros em várias agências, sendo que a maioria não está disponível online. E essa é a versão "simplificada".

Enquanto isso, na parte de minha empresa que opera nos Estados Unidos, eu entro na internet e compro todos os suprimentos que quero para meus produtos quase instantaneamente na Amazon, Home Depot, fornecedores especializados como Uline ou qualquer outro entre os milhares disponíveis, sem necessidade de nenhuma permissão especial.

A África, como qualquer outro lugar do mundo, precisa de líderes que digam: "Vou facilitar a criação de novas empresas. Vou facilitar a contratação e a demissão de funcionários."

Observando o Doing Business Index, você verá que é mais fácil fazer negócios em qualquer país escandinavo que na África subsaariana. Por isso eles são ricos e nós somos pobres.

Recursos naturais? Temos minérios e terras. Deveríamos ser riquíssimos, e seríamos, se nos livrássemos das correntes, como os suecos.

Quer falar de "desigualdade de renda"? Pois eu digo: Onde eu faço negócios, faça leis em pé de igualdade com as dos países ricos. Tire as correntes! Deixe-nos competir! Deixe-nos prosperar!

Muita gente boa alega que a educação é a solução, mas quase metade dos 10 milhões de egressos das mais de 668 universidades da África anualmente não consegue um emprego quando se forma. Isso de acordo com Kelvin Balogun, presidente da Coca-Cola África Central, Oriental e Ocidental.*

Se é quase impossível para os empreendedores criar empregos, não importa quanto se investe em educação. As ONGs e os governos conseguem absorver somente alguns graduados. Sem um ecossistema que permita a criação e o crescimento de empresas, temos dezenas de milhões de graduados frustrados, subempregados e pobres. Um diploma universitário por si só, na ausência de uma economia vigorosa, não enche a barriga.

Há um ditado no Senegal que diz que o primeiro emprego de um recém-formado universitário é como vendedor ambulante.

Ok, se os diplomas universitários não importam sem um ambiente de negócios que dê apoio à criação de empregos, pelo menos eles podem propiciar a nós, africanos excessivamente férteis, bastante controle de natalidade para que não continuemos tendo filhos e superpovoando o planeta, certo? (Obviamente, não é isso que eu penso, mas descobri que a questão da "superpopulação" é a maior preocupação que muitos ocidentais têm em relação à África, nas raras ocasiões em que pensam nela.)

Raciocine comigo: primeiro, muitas mulheres africanas têm muitos filhos porque querem. Como mostra uma pesquisa recente da doutora Melanie Channon:

---

* "Unemployment in Africa: no jobs for 50% of graduates", African Center for Economic Transformation, 1º de abril de 2016, https://acetforafrica.org/highlights/unemployment-in-africa-no-jobs-for-50-of-graduates/.

Há uma forte tendência, em particular no Ocidente, a presumir que as mulheres africanas teriam menos filhos se tivessem mais acesso à contracepção e educação de qualidade, e que o crescimento populacional é causado por planejamento familiar insuficiente. Mas esse equívoco pressupõe que as mulheres querem ter menos filhos, e nossa pesquisa mostra que, muitas vezes, não é esse o caso.

O aumento do acesso à contracepção e à educação é importante, mas pode não resultar em declínios de fertilidade tão substanciais quanto os que vimos em outras áreas do mundo.

Em média, quase três quartos das mulheres de países africanos não conseguem ter o número de filhos que desejam, mas, para muitas, isso não se deve à falta de contracepção — elas querem mais filhos, não menos. Isso é particularmente comum em países da África Ocidental e Central, onde a mulher tem, em média, mais de cinco filhos, e ainda quer mais.

Dados os desafios que apresenta o crescimento populacional na África, precisamos ouvir por que as mulheres querem tantos filhos, em vez de focar apenas em fornecer serviços de planejamento familiar. Precisamos reconhecer que o acesso à contracepção não é a "bala de prata" para lidar com o crescimento populacional.*

Por que as mulheres africanas querem muitos filhos? Às vezes, é por uma abundância de desejo maternal, mas às vezes é algo muito mais pragmático. Para algumas mulheres, essas crianças (especialmente as pequenas) são uma apólice de seguro contra o divórcio. No mundo todo, mas especialmente em sociedades pobres, as mulheres têm recorrido a ter filhos para manter o casamento. É mais provável que um marido fique com ela, pelo menos por mais alguns anos, se tiver outro filho pequeno. As pressões sociais para não abandonar uma mãe com um filho pequeno são maiores. Um dos principais motivos de uma mulher desejar manter seu marido, não importa como ele seja, é o prestígio que isso lhe dá na sociedade, mas também a segurança financeira que lhe proporciona, sobretudo em comunidades pobres. Eis aí por que muitas mulheres continuam tendo filhos.

---

* University of Bath, "Access to contraception not 'silver bullet' to stem population growth in Africa", *ScienceDaily*, 18 de julho de 2019, www.sciencedaily.com/releases/2019/07/190718145412.htm.

Mas não é só isso, claro. Mulheres pobres em países pobres há muito tempo escolhem ter muitos filhos para garantir cuidados e alimentação quando forem idosas. Também assumiam, e com razão, que perderiam alguns no caminho. Hoje em dia, isso não é tão provável, mas o comportamento ainda existe.

Se o acesso ao controle de natalidade não é uma bala de prata para reduzir as taxas de natalidade, o que poderia diminuí-las? Empregos para as mulheres — empregos formais e remunerados. Começarei com uma versão em jargão acadêmico:

> Encontramos que o número de crianças menores de seis anos tem um efeito significativamente negativo na capacidade da mulher de trabalhar no setor não agrícola; isso reduz as chances de emprego de mães africanas em 6%. Os efeitos do número de crianças pequenas no trabalho não agrícola das mulheres são mais problemáticos para as mais velhas e as que têm mais anos de estudo. Esses achados implicam que os investimentos em planejamento familiar provavelmente aumentarão as oportunidades para que as mulheres trabalhem por um salário, e que as políticas destinadas a facilitar a combinação da criação dos filhos e o trabalho remunerado são particularmente importantes para mulheres com estudos e mais velhas.*

Imagine só! Ter muitos filhos pequenos dificulta arranjar um emprego! O controle de natalidade tem um impacto maior quando as mulheres têm oportunidades de trabalhar por um salário. Quer reduzir o *boom* populacional na África? Ajude-nos a ter acesso à liberdade econômica para que nós, empreendedores, possamos criar mais empregos já!

Se não há empregos, não importa se você tem seis filhos ou nenhum!

E nem me fale do enorme problema de desemprego juvenil que temos na África.

Empregos — empregos! — continuam sendo a melhor maneira de as mulheres saírem da pobreza. Empregos permitem que as mulheres tenham a independência financeira de que precisam para não depender mais dos homens. E sem precisar mais dos homens para suporte financeiro, muitas mulheres

---

* Eelke de Jong, Jeroen Smits e Abiba Longwe, "Estimating the Causal Effect of Fertility on Women's Employment in Africa Using Twins", *World Development 90*, nº 1: fevereiro de 2017: 360-368, https://doi.org/10.1016/j.worlddev.2016.10.012.

podem se dar ao luxo de não ter pressa para engravidar e casar. E se forem casadas, podem evitar engravidar porque não precisam da renda do homem. Muitas vezes, os maridos apoiam que as mulheres trabalhem porque também gostam do aumento da renda familiar; também começam a considerar a vida de classe média que seria possível se investissem mais na educação de poucos filhos, em vez de ter muitos.

Muitos acreditam que não ter filhos permitirá às meninas ter uma educação melhor. Mas serei politicamente incorreta de novo: a saída de bilhões da pobreza nos últimos 30 anos não foi impulsionada pela educação. Foi resultado das manufaturas de baixos salários (às vezes descrita como *"sweatshops"* — literalmente, "fábricas de suor") e outros empreendimentos. Não gosta da ideia? Tudo bem, mas entenda que foi assim que os Estados Unidos e a Europa enriqueceram. A poluída Londres, durante a Revolução Industrial, cravou a derradeira adaga no coração do feudalismo. No século xix, Massachusetts enriqueceu graças a sua indústria têxtil.

Essas primeiras fábricas ofereciam bons salários e condições de trabalho? Pelos padrões ocidentais de hoje, não. Mas foram um primeiro passo, porque *a vida é dura*. E é mais dura para os pobres. E é mais dura ainda quando não se tem emprego. O desdém dos ocidentais — que gostam de vida boa e confortável — pelas *sweatshops* não ajudou os pobres do mundo. É como se uma pessoa que hoje vive em uma mansão afirmasse que todos agora deviam viver em uma mansão também, porque, ora, é muito melhor! Todos deveriam ter uma piscina, uma sala de cinema, uma academia em casa etc. Sim, seria bom se todos que quisessem essas coisas pudessem ter acesso a elas, mas a menos que tenha nascido em berço de ouro, a maioria começará a vida adulta ainda na casa dos pais; depois se mudará para um apartamento pequeno alugado; depois, quem sabe, compre um; e assim por diante. É desse modo que a pessoa chegará a sua mansão, talvez.

Esses empregos mal remunerados são apenas o primeiro passo, mas um primeiro passo crucial. A maioria dos que não precisam trabalhar nessas *sweatshops* provém de famílias cujos pais, avós e bisavós trabalharam em *sweatshops*, o que lhes permitiu orgulhosamente proporcionar a cada geração melhores condições. Se o local de trabalho não é insalubre ou perigoso, está valendo. É imoral negar aos pobres seu primeiro passo para uma vida melhor.

Por fim, pense na importância da criação de empregos para a vida selvagem. Veja a população de chimpanzés, por exemplo. Provavelmente estarão extintos em poucas décadas devido à perda de seu habitat (pobres cortando lenha) e ao desejo (e necessidade) das pessoas por carne de caça. Quando os tanzanianos rurais sentem fome, caçam chimpanzés e os assam em uma fogueira construída com a lenha do habitat desses animais. Mas se você lhes der um emprego em um ambiente urbano, o problema desaparecerá.

Pessoas que se importam com sustentabilidade deveriam implorar por mais mercados abertos na África. Se quiser que mais árvores sejam plantadas na África, ajude-me a assegurar empregos normais para as mulheres africanas, para que elas possam comprar fogões modernos para suas casas. Assim, elas não terão que cortar árvores para fazer carvão para cozinhar e alimentar a família.

E só para o caso de você ser uma dessas pessoas que se importam tanto (ou mais?) com os seres humanos africanos do que com a vida selvagem africana, aqui vai algo que você precisa saber: fogões modernos salvam vidas. Você já esteve dentro de uma casa pequena com uma mulher cozinhando com carvão?

É uma fábrica de câncer.

Eu vejo os fogões a gás como um dos maiores presentes de saúde pública que podemos fornecer a centenas de milhões de mulheres africanas. Sim, fogões elétricos alimentados a energia solar, com bateria reserva suficiente para serem confiáveis, resultariam bem menos emissões de carbono, mas vamos falar disso daqui a dez, 20 ou 30 anos, quando isso for realmente possível para centenas de milhões de pessoas em todo o continente. Por ora, o acesso ao gás está crescendo rapidamente — ou estaria, se o Ocidente não sufocasse o fornecimento.

Então, às vezes eu me pergunto: *está tudo perdido?*

Por que a necessidade de liberdade econômica na África não é uma causa principal, apoiada por 100% das pessoas? Ninguém — *ninguém mesmo*, nem da esquerda nem da direita — apoiaria a imposição, aqui nos Estados Unidos, das leis sem sentido que impedem o desenvolvimento econômico na maioria dos países africanos.

Todo ativista de direitos humanos sério também deveria lutar por mais liberdade econômica na África. Todo ativista de direitos ambientais sério também deveria lutar por mais liberdade econômica. Mas onde estão as multidões de ativistas apaixonados por liberdade econômica? Qualquer indivíduo sensato deveria se importar em melhorar o ambiente de negócios africano.

Precisamos apenas fazer com que as pessoas ouçam.

11

Ay du yem ci boppub boroom
(Um conflito não se limita àquele
de quem se origina)

Em 2016, tive outro momento que mudou minha vida.

Foi logo depois que a empresa de Arianna Huffington me abandonou, deixando-me com um monte de produtos inúteis. Eu estava muito, muito desanimada. Ficava me perguntando: *O que vou fazer? Aonde vou com isso?* O fato é que eu não tinha energia para seguir em frente.

Também me sentia deprimida porque vários homens pretos haviam sido mortos recentemente pela polícia. Alton Sterling, pai de cinco filhos, foi morto a tiros em Baton Rouge. No dia seguinte, Philando Castile foi baleado. Castile foi a 136ª pessoa preta morta pela polícia naquele ano.[*] E havia vídeos. Ao ver esses vídeos, não tinha como não ficar furioso.

Eu estava obcecada, pensando no que poderia ser feito para impedir isso. Mais pessoas abririam os olhos para o problema após a morte de George Floyd

---

[*] Jon Swaine, et al., "Minnesota governor blames Philando Castile police killing on racial bias", *The Guardian*, 7 de julho de 2016, https://www.theguardian.com/us-news/2016/jul/07/philando-castile-police-shooting-calls-justice-department-inquiry-fbi-minnesota-officers.

em 2020, mas antes disso já havia um grupo significativo determinado a fazer algo a respeito.

Michael e eu fomos passar um fim de semana na região montanhosa de Austin, onde ele participaria de uma reunião fechada com John Mackey e outros. Eles queriam encontrar uma maneira de ir além dos partidos políticos e da política partidária e reduzir a crescente polarização política. Como Michael diz hoje, obviamente não foram muito bem-sucedidos.

Eu não ia participar da reunião, então, fiquei no quarto de hotel. Passei horas consumida pelo Black Twitter, que estava enlouquecido, agitado pelas mortes e tumultos que vinham acontecendo. Eu ouvia as pessoas que estavam nas ruas porque confiava mais nelas que nas notícias.

A coisa estava feia. Meus amigos pretos se achavam tão ansiosos quanto eu. Foi quando uma amiga minha, que eu sempre considerara sensata e aberta a todos, postou um tuíte dizendo que nós, pretos, éramos tolos por pensar que "eles" nos considerariam iguais. "Isso nunca vai acontecer", disse ela. "De agora em diante, todos têm que escolher um lado."

Muitos diziam a mesma coisa. Eu sabia que ela era tolerante e sensata, mas ao ler seu tuíte, senti sua dor; eu estava à beira de um colapso, tudo que queria era abraçá-la. Eu começava a seguir o mesmo caminho, acreditando que tínhamos que escolher lados na batalha que estava por vir, acreditando que era "Preto *vs.* Branco" em uma guerra sem fim.

Estava eu ali, no hotel, quando chegou a notícia de que um homem preto acabara de matar cinco policiais em Dallas. Outros nove ficaram feridos. Foi um ato de vingança. O atirador disse isso. Que loucura! E eu me peguei pensando: *Bem, se eles querem guerra, terão guerra.* No instante em que eu disse isso a mim mesma, a porta do quarto de hotel se abriu, e quem estava lá? Michael.

Um homem de Minnesota, loiro, de olhos azuis. Meu amado.

Caí numa gargalhada histérica. Entrar em guerra com quem, exatamente? Com Michael e as pessoas parecidas com ele? Por causa da cor da pele com que nasceram?

Foi quando três pensamentos se formaram em minha mente, de forma espontânea:

A primeira foi: *Pele é pele.*

Depois: *Vá além.*

E depois: *Isso é muito ridículo.*

Então, naquele momento, eu saí da escuridão em que me encontrava. Estava me encaminhando para um beco sem saída, para um fim sombrio. Eu ainda não sabia o que isso significaria para meu casamento, porque, sinceramente, pensei: *Bem, se eu tiver que escolher um lado, tenho que escolher meu povo!*

Falei para Michael: "É sério, e eu vou fazer algo a respeito. Não posso aceitar que a única coisa que podemos ter seja divisão."

E, como com qualquer coisa que levo a sério, comecei a pesquisar. Mergulhei em uma jornada para descobrir por que o viés existe. De imediato descobri que existe algo chamado ciência do viés — um estudo sobre como o viés funciona. Passei muito tempo debruçada sobre os trabalhos de mais de uma dúzia de neurocientistas — cientistas comportamentais, psiquiatras e, especialmente, biólogos evolucionistas e psicólogos.

Descobri que se você tem cérebro, tem vieses. Eles começam muito cedo na vida e desempenham uma função muito importante. A evolução diz que, para melhor garantir a sobrevivência, primeiro temos que dar sentido ao mundo, especialmente adquirindo as habilidades e o conhecimento para determinar se uma pessoa ou situação representa um perigo. Sem fazer isso, poderemos estar mortos no segundo seguinte.

O papel do cérebro nesse processo é nos ajudar a realizar tal tarefa da forma mais rápida e eficiente possível, e o faz por meio da automação. Por exemplo, uma vez que o cérebro descobre que um mais um é igual a dois, ele nunca mais vai perder tempo tentando descobrir isso de novo.

Aos três anos, começamos a categorizar tudo. Assim, não precisaremos descobrir tudo de novo da próxima vez. Só paramos de fazê-lo para lidar com novas situações; é quando a mente consciente entra em ação. Mas para todo o resto, o cérebro presume que sabe do que se trata. Ele toma a maioria das decisões por nós, geralmente com base no que já categorizou. Por exemplo, se ele aprendeu que "um homem preto com capuz" pode ser perigoso, atravessamos a rua para evitar um homem preto, sem nem ter consciência de que nosso cérebro está fazendo isso. Sim, temos vieses, preconceitos. Todo mundo tem. Afinal, nosso cérebro é um equipamento de coleta de dados com a intenção de garantir nossa saúde e felicidade.

As notícias que você assiste e lê são projetadas para tirar vantagem dessa nossa predisposição, por isso se diz que "se sangra, é manchete". É também por esse motivo que os editores escolhem uma foto do fichamento do menino preto que foi pego roubando pão do supermercado e a foto de formatura do menino branco que acabou de assassinar a família e dissolvê-la em ácido. O primeiro é um criminoso, o último é um doente. Terrivelmente injusto, com certeza. O cérebro, com seus mecanismos naturais programados desde o nascimento, é o hardware. O software que ele roda é nossa impressão cultural, que é tudo que entra nele proveniente do ambiente, como informações visuais e verbais e todas as experiências, desde o dia em que nascemos.

Talvez você tenha visto o vídeo daquele estudo psicológico no qual meninas pretas recebem duas Barbies. Com exceção do tom de pele — uma é branca, a outra, marrom —, as bonecas são idênticas. Perguntam às meninas: "Qual é bonita? Qual é legal?" Repetidamente, elas escolhem a boneca branca. É de partir o coração. Elas foram programadas, e o impacto no "mundo real" é o seguinte: ser uma menina branca dá confiança a ela. Ser uma menina preta não. Mas a confiança é fundamental. Como ir bem em uma prova sem confiança? Como manter relacionamentos sem confiança? Como fazer entrevistas de emprego sem confiança?

Daí em diante, é tudo ladeira abaixo. Outras pessoas percebem essa falta de confiança e os fracassos resultantes e dizem: "Eles não são capazes de ser bem-sucedidos". E elas têm razão! É uma bola de neve.

Um policial pode atirar em um menino preto primeiro e fazer perguntas depois. É brutalmente injusto — e frequentemente inconsciente.

Mas esse mesmo policial pode não ter a mesma informação codificada em seu cérebro sobre um menino branco. Seu HD fornece a mensagem de que o menino provavelmente só precisa de ajuda, ou talvez tenha uma doença mental. Vamos ajudá-lo! De novo, isso é brutalmente injusto — e de novo, é frequentemente inconsciente. Assim, ele não atira no menino branco.

O viés inconsciente é basicamente um hábito. Os neurônios criaram um caminho — um atalho — e nele vive o hábito. Mas não é apenas um hábito: é um mau hábito, um hábito maligno.

E como nos livramos de um mau hábito? Primeiro, é preciso reconhecer que temos esse hábito. Segundo, temos que decidir que não o queremos. Mas na sociedade em que vivemos, reconhecer que temos um preconceito é perigoso. Se alguém admitir que não confia em uma mulher com *hijab*, pode perder o emprego imediatamente. Ou ser condenado ao ostracismo.

Mesmo assim, temos a capacidade de mudar hábitos. Para isso, é preciso determinação e alertas. Para acabar com os preconceitos, temos que estar atentos, ligar o cérebro consciente; caso contrário, ele continuará no piloto automático, onde vivem todos os vieses e preconceitos. Temos que lembrar ao cérebro para não seguir esse caminho.

Parar. Pensar.

É um esforço.

Foi útil entender os fundamentos do viés na psicologia evolucionista. Não reduziu a injustiça, mas me forneceu uma explicação do que estava acontecendo e os primeiros indícios de uma estratégia para reduzir esse viés.

Quando entendi tudo isso, fiquei pasma. Mas, pelo menos, estamos todos juntos nessa. Não somos inerentemente ruins. Só precisamos prestar atenção.

Como tantas coisas dadas pela evolução, inclusive nosso desejo voraz por açúcar e gordura, o valor desses vieses para a sobrevivência está diminuindo. No mundo de hoje, não precisamos lutar ou fugir. (Quantos ursos você encontrou ultimamente?) Temos que transcender esse instinto.

E podemos transcendê-lo, especialmente se soubermos como funciona. É possível desfazer uma vida inteira de codificação cultural. Como acontece com qualquer mau hábito que se queira transcender, é preciso ser capaz de dizer: "Sim, eu tenho esse mau hábito" — neste caso, preconceito. Precisamos criar lembretes para desligar o piloto automático do cérebro. A partir daí, podemos seguir uma prática de atenção plena composta de cinco exercícios, cientificamente projetados para reconectar o cérebro para se libertar de estereótipos. O processo para reconectar o cérebro leva aproximadamente um ano. Tudo isso é muito fascinante.

Para entender essa questão e ser capaz de usar a solução, temos que criar uma cultura na qual seja correto reconhecer nossa biologia. Temos que ser capazes de admitir "Eu tenho um cérebro; portanto, tenho preconceitos" sem que sejamos acusados de todo tipo de "ismos". A cultura do cancelamento em que estamos profundamente inseridos não torna fácil esse passo crucial. Foi por esse motivo que decidi construir uma marca, em vez de uma ONG ou outra organização desse tipo. As marcas têm muito poder de afetar a cultura. Se eu pudesse tornar culturalmente aceitável dizer, por exemplo, "Eu tenho preconceitos", seria lindo.

Então, comecei a desenvolver uma nova marca. Eu queria criar algo legal. E foi assim que a SkinIsSkin, minha nova empresa, surgiu.

Escolhi um protetor labial como nosso carro-chefe porque é muito adequado ao que tenho em mente. Ele serve como um Grilo Falante que levamos no bolso. Uma consciência portátil. A mensagem é: "Pele é pele". Simplesmente isso.

Toda vez que o pega, você se lembra disso e pensa em seus preconceitos. Aqueles que conhecem a história da SkinIsSkin e que o usam me dizem que ele as lembra de ter cuidado com seus pensamentos. Algumas vezes, essa atenção plena dura cinco minutos; outras, dois segundos. Mas o importante é que são lembretes regulares, por mais breves que sejam.

Houve outras razões para escolher um protetor labial. Primeiro, eu queria continuar no segmento de cuidados com a pele, onde já havia estabelecido conexões. Segundo, o produto precisava ser pequeno para que os usuários o levassem a todos os lugares. Terceiro, eu também queria um produto para qualquer gênero, qualquer idade, não para quem é fanático por cuidados com a pele. É um produto simples, algo que está na vida de todos.

Protetor labial para combater a discriminação!

Esse enfoque continua no estilo de nomenclatura dos produtos: "Menta e Curiosidade", "Anis e Empatia", "Coco e Amor". Por quê? Porque estudos com o cérebro mostram que a maneira mais eficaz de interromper uma via neuronal — quebrar um mau hábito — é servir pensamentos de amor, curiosidade e empatia. Quando evocamos esses sentimentos, partes muito diferentes do cérebro se iluminam. É totalmente diferente ver uma pessoa com curiosidade e outra com medo. A primeira nos abre; a segunda nos fecha.

Portanto, como marca e por meio de nossas mensagens, fazemos com que seja aceitável dizer: "Sim, tenho preconceitos e vou reprogramar meu cérebro para corrigi-los".

E agora, você também tem um Grilo Falante no bolso como companheiro de jornada.

***

O relacionamento entre pretos africanos e afro-americanos é difícil. Em geral, os pretos norte-americanos não pensam nos pretos africanos. Pelo menos não conscientemente. Mas sempre acreditei que, nos Estados Unidos e na Europa, a visão que as pessoas têm dos pretos é muito influenciada pela maneira como veem a África preta. Elas veem a pobreza e a doença como inerentes às populações pretas; isso se espalha para a visão de todos os pretos em todos os lugares. A direita alternativa tira vantagem disso, dizendo que não existe uma entidade preta autogovernada que seja totalmente desenvolvida. De acordo com ela (e ecoando Trump), a África está cheia de "países de merda".

Se houvesse uma única razão para os pretos no Ocidente se importarem com a África, seria esta. Devemos compartilhar o objetivo de ver os pretos africanos e ocidentais sendo bem-sucedidos financeiramente. É imperativo. É duro, mas é verdade: dinheiro é igual a respeito. Dinheiro é igual a poder. Dinheiro é igual a liberdade.

Em julho de 2020, o Smithsonian Institution publicou em seu site um gráfico intitulado "Aspects and Assumptions of Whiteness" [Aspectos e suposições da branquitude]. Era uma espécie de *banner* digital, que declarava que trabalho duro e racionalidade são características de pessoas brancas, o que leva naturalmente à conclusão óbvia e desagradável de que essas habilidades e esses princípios não estão tão presentes em pessoas pretas.

Sem demora, isso provocou um alvoroço, e o gráfico foi retirado. Eu assisti ao drama atentamente porque fiquei furiosa com o Smithsonian. Achei curioso, mas não incomum, que os críticos mais eloquentes fossem conservadores norte-americanos, ao passo que os liberais, em grande parte, mantiveram-se em silêncio.

Também quero destacar — e isso é muito mais angustiante — que as únicas pessoas que vi reclamando eram brancas. Eu postei o gráfico do Smithsonian em minha página do Facebook, esperando que muitos dos meus 250 amigos pretos expressassem sua indignação; mas apenas um comentou.

Liguei para Ibou no Senegal. Contei a ele a fonte do *banner* e expliquei por que era problemático.

— Vou ler para você, do início ao fim. Não diga nada, só escute — eu disse. — "Ser branco é ser lógico. Ser branco é acreditar no trabalho duro. Ser branco é ser racional."

Quando terminei, ele apenas comentou:

— Então, acho que sou branco.

Ele afirmou que aqueles que haviam escrito aquilo eram desumanos, porque aquelas eram coisas necessárias para ser um ser humano completo. Eram as características de caráter de que todos precisavam para ter sucesso na vida e levar uma vida boa e honrada.

— Não sei o que lhe dizer além de que meu coração está doendo. Isso é terrível e errado — concluiu ele.

Ibou não era um asceta, mas era um homem com poucos desejos e necessidades. E eu queria desesperadamente que alguém fosse responsabilizado por aquela publicação do Smithsonian.

Muitas vezes, os pretos norte-americanos perguntam: "Por que não consegui um dos bons empregos?" Sem dúvida, o racismo tem um papel nisso, mas a resposta tem outra parte: porque o Smithsonian anda por aí dizendo aos figurões corporativos que você será um péssimo funcionário. Que você não consegue chegar no horário, não consegue pensar racionalmente. Quem colocaria gente assim em uma posição de responsabilidade? Ninguém.

Depois que postei meus comentários sobre o gráfico do Smithsonian, um amigo imigrante preto africano me ligou. Ele — que é um homem respeitado no continente e tem um papel significativo na cobertura que a mídia ocidental faz da África — me ligou para dizer que sempre se manteve propositalmente fora das questões afro-americanas porque, para ele, a única coisa que temos em comum é a cor da pele. Afora isso, somos completamente diferentes. Ele não é o único que acredita nisso. É assim que muitos pretos africanos se sentem em relação aos afro-americanos. Fui criada acreditando que os afro-americanos não têm cultura nem educação. Que são pessoas violentas — "bandidos" é a palavra frequentemente usada. Não fazem nada de bom. Estereótipos negativos sobre afro-americanos estão bem vivos na África preta. Existe muito preconceito dos pretos em relação aos pretos.

Eu morei na Europa e nos Estados Unidos tempo suficiente para ter conhecido pretos norte-americanos, alguns intimamente. E como qualquer outro grupo de pessoas que tive a bênção de conhecer, muitos são ótimos, e outros, não.

Mas para realmente reduzir o preconceito em relação às pessoas de pele preta, nós, de pele preta, precisamos ser muito bem-sucedidos. Nenhuma propaganda antirracista estilo Ibram Kendi mudará isso. Remi Adekoya, um escritor polonês-nigeriano, observa:

Sejam os líbios vendendo africanos pretos como escravos, como está acontecendo *agora*, sejam chineses discriminando desdenhosamente pretos na China ou indianos fazendo o mesmo na Índia, uma baixa consideração geral pelos pretos em todo o mundo parece ser uma constante. Na verdade, a razão de focarmos no racismo no Ocidente e não em outros lugares é que as sociedades ocidentais são as mais receptivas à opinião preta. Via de regra, os chineses, indianos e árabes não parecem se importar muito se os consideramos racistas ou não. Suas sociedades são abertamente assertivas sobre a superioridade que sentem.[*]

Ele prossegue dizendo que só quando a África Preta for próspera os pretos começarão a ser respeitados no mundo todo.

---

[*] Remi Adekoya, "Has BLM picked the wrong target?", UnHerd, 29 de junho de 2020, https://unherd.com/2020/06/why-dont-black-lives-matter.

Sim, falsos estereótipos existem. Criei uma empresa com base na redução de percepções tendenciosas, mas não há "combate ao preconceito" que possa superar as percepções cotidianas que as pessoas têm. Décadas atrás, havia muitos estereótipos negativos sobre imigrantes chineses e indianos. Um século atrás, havia estereótipos negativos comuns sobre imigrantes judeus, irlandeses, italianos e do Leste Europeu. Os estereótipos negativos ainda existem aqui e ali, mas não como antes. Agora, há estereótipos de indo-americanos como empreendedores e CEOS do Vale do Silício. Alguém com menos de quarenta anos conhece o estereótipo de indianos como gurus esfarrapados e mendigos com barbas longas, pernas finas e unhas compridas? Não, porque os CEOS da IBM, do Google, da Microsoft, do Adobe, do MasterCard, da Nokia, da PepsiCo, do Deutsche Bank etc. são indianos.

Isso não acontece por causa de padrões mais baixos para garantir "participação igualitária". Padrões mais baixos significam apenas que mesmo que eu trabalhe duro e com inteligência, não fará diferença, porque todos vão pensar que me deram esmola. Como observa o economista Glenn Loury:

> Sou economista. Dou aulas em instituições da Ivy League há 25 anos e sou muito bom no que faço. Meus artigos saem nos principais periódicos. Alguns foram citados milhares de vezes. Eu não acharia ruim se ganhasse o Prêmio Nobel de Economia um dia, mas é muito improvável que isso venha a acontecer. Nenhum afro-americano jamais ganhou o Prêmio Nobel de Economia. Suponhamos que o Black Lives Matter fosse a Estocolmo e fizesse piquete diante do comitê que decide quem ganha o Prêmio Nobel. A honra que eu gostaria de poder desfrutar se tornaria inatingível se houvesse sequer uma *pitada* de influência política envolvida.*

* * *

Eu entendo aqueles que defendem a ação afirmativa; eles se preocupam com o acesso igualitário das minorias às oportunidades. Mas acho que essa iniciativa tem uma abordagem muito simplista. Nunca confiei nem gostei de nenhum resultado que dependesse de cotas impostas.

---

* Michael Sandel e Glenn Loury, "The Question of Affirmative Action: An Interview with Glenn Loury", Quillette, 16 de dezembro de 2020, https://quillette.com/2020/12/16/the-question-of-affirmative-action-an-interview-with-glenn-loury.

No caso de ação afirmativa, a pessoa preta que entrou apenas para cumprir uma cota certamente ficará para trás e se sentirá horrível. É comprovado que, em geral, os pretos se saem pior nas escolas da Ivy League, com maiores taxas de evasão.

Como a ação afirmativa ajuda esses indivíduos? Essas mesmas pessoas poderiam estar prosperando se houvessem sido colocadas em um ambiente mais adequado, sem cotas. Se o que se quer é ver essa pessoa preta prosperar na vida, então não importa se ela faz Harvard, e sim que vá para o melhor lugar e ambiente para ela — o lugar onde tenha as máximas chances de prosperar. Muitos não fizeram Harvard e estão indo muito bem — às vezes, melhor que os que fizeram. Vários empreendedores, como Mark Zuckerberg do Facebook, John Mackey da Whole Foods Market, Bill Gates da Microsoft, Richard Branson da Virgin e Steve Jobs da Apple abandonaram a faculdade.

Ou vejamos o caso da pessoa preta que entrou em Harvard sem ação afirmativa. Ela tem que enfrentar a suspeita dos outros, mesmo daqueles bem-intencionados, de que talvez esteja ali graças às cotas, não porque mereceu. Isso é degradante e muito injusto.

Os defensores da ação afirmativa talvez digam: "Essa pessoa preta, tão merecedora, poderia nunca ter chegado a Harvard porque seu mérito teria sido pisoteado pelo racismo". Mas eu acredito que o primeiro passo para o sucesso é "ser tão deslumbrante que ninguém possa me ignorar".

Entendo que a ação afirmativa pode ter sido um primeiro passo em algum momento; era a única maneira de contornar o profundo racismo de algumas pessoas com poder para decidir as admissões. Hoje, porém, é o momento de transcendê-la para um sistema mais justo para todos. Primeiro, temos que nos perguntar: queremos garantir que o indivíduo prospere? Se sim, é necessário entender que precisamos empreender uma abordagem complexa caso a caso, específica para cada ser humano. Se o sistema fede a política, é quase certamente irrefletido.

Por isso defendo a escolha da instituição de ensino. Quero ver cada criança receber tantas opções de escolas que possa escolher uma feita quase sob medida para ela, adequada a sua inteligência, seus sonhos e objetivos na vida. O propósito deve ser dar a cada criança, de qualquer cor de pele, a mesma oportunidade de se desenvolver da maneira que melhor lhe convier. Existem 7,8 bilhões de gênios neste mundo, um diferente do outro.

Concordo com praticamente tudo que Thomas Sowell e Glenn Loury dizem sobre o caminho para o sucesso dos pretos. A mensagem básica dos dois é: "Levante-se sozinho, caramba!"

Isso é ótimo, mas eles nem sempre dão aos pretos o caminho concreto para isso. Nem querem reconhecer um fato muito claro: sim, existe racismo no Ocidente. Isso é uma merda e torna a vida mais difícil.

Mas esse é apenas um fator. Talvez eles tenham medo de reconhecer que é um fator porque sentem que abrir essa porta levaria muitos pretos a passar por ela e tomar o caminho da vitimização.

O que precisam dizer é: "Sim, existe racismo, e sim, isso machuca. Eu entendo." Isso seria um começo. Todavia, mais que isso, eles precisam mostrar maneiras concretas, passo a passo, para que os pretos consigam escapar da pobreza e da violência.

Acho que uma das razões de me chamarem para falar em tantos lugares e visitar tantos grupos é que falo a língua dos intelectuais, mas traduzo a mensagem no nível da rua. Eu vivi a vida de algumas dessas pessoas, entendo de verdade de onde elas vêm. Sei que algumas leis são terríveis e sei o impacto que elas têm.

Loury, Sowell e seus colegas intelectuais nem sempre se conectam tão bem. Eles desenvolvem suas pesquisas e dizem: "As estatísticas encontraram isso; os fatos dizem aquilo", mas para as crianças nas ruas de Baton Rouge ou no lado sul de Dallas, tudo isso não significa nada.

Certo, Thomas Sowell nasceu na pobreza, mas não no mesmo tipo de pobreza e cultura em que essas crianças se encontram.

Digamos que seus pais fossem traficantes de drogas em Nova Orleans. Quando você tinha cinco anos, seu pai cometeu suicídio, e sua mãe começou a usar as drogas que estava vendendo. Agora, ela passa os dias jogada no sofá. Você já tem nove anos e precisa arranjar comida para si mesmo e seu irmãozinho. Você está constantemente no modo sobrevivência, e tudo isso tem consequências.

Alguns conservadores parecem estar dizendo aos jovens: "Não importa o que tenham vivido, agora vocês são responsáveis pelo que fazem", mas não oferecem nenhuma outra medida tangível e concreta sobre como ser responsável.

***

Então, as crianças naturalmente respondem: "Mas o que eu devo fazer? Para onde vou?"

Prefiro as palavras daqueles como o bispo Omar Jahwar, meu amigo recentemente falecido que sempre afirmou: "Não importa o que viveu, você é responsável pelo que faz por si mesmo". Mas ele não parava por aí. Hoje, sua equipe dá continuidade a seu trabalho, ajudando jovens a mudar de vida, orientando-os pessoalmente.

Os bispos Omar do mundo não só tranquilizam as crianças com "Eu vou lhes dar apoio para fazer o que é certo" como também arregaçam as mangas para estar com as crianças enquanto elas se esforçam para se erguer. Em minha opinião, essa é a parte que falta.

Temos que entender que faltam coisas na vida dessas crianças, coisas que, se realmente quisermos ajudar, temos que fornecer. Imagine crescer em uma casa onde a ameaça de tomar uma bala perdida a qualquer momento é real. Imagine crianças tão privadas de orientação parental que entram no primeiro ano sem conhecer o nome das cores.

Mas o pior de tudo são os que dizem a essas crianças: "Sentimos muito pelo que aconteceu. Não há nada de errado com você. Se você não tem um ótimo emprego, não é culpa sua. Todas as escolhas ruins que você fez e continua fazendo não são culpa sua. É tudo causado pelo racismo, e só pelo racismo. Continue do jeito que você é, com as escolhas ruins e tudo. Não há nada que você possa fazer a respeito disso."

Aquele que diz: "Você não precisa mudar, o sistema é que tem que mudar" não é amiga de seu interlocutor, independentemente da cor da pele dele.

Você consegue imaginar algo mais destrutivo que fazer uma criança acreditar que nada pode mudar sua situação, que não adianta tentar? E é ainda mais destrutivo para crianças pretas. Essa postura é considerada "compassiva", mas está longe de ser isso.

Se hoje ninguém mais fosse racista, se agitássemos uma varinha mágica e, de repente, todos transcendessem o racismo, os tiroteios no lado sul de Chicago ainda aconteceriam. Essas crianças ainda morreriam.

Um campo diz às crianças que fiquem sentadas (ou devo dizer, que continuem em seu caminho destrutivo) enquanto esperam que suas circunstâncias mudem. O outro campo diz para simplesmente se recomporem, sem levar em conta nenhuma circunstância em particular. Ambos os campos são problemáticos e não ajudam muito com a questão. O primeiro cria uma dependência tóxica, e o segundo inspira ressentimento. Ambos os lados têm de se integrar.

Precisamos de uma voz — uma voz alta — que diga: "Eu me solidarizo totalmente com o que você enfrenta. Sei de onde você vem. Você não precisa ser queimado pelo fogo, há maneiras de escapar, e eu vou lhe dar apoio. Mas você — você! — terá que fazer o esforço."

Essa é a mensagem que temos de entregar. Uma das razões de eu respeitar o bispo Omar e sua equipe é que eles se aproximam das crianças, eles se conectam pessoalmente com aquelas que estão sendo atraídas para as gangues e lhes dão amor, atenção e orientação de verdade — *e* lhes dizem que elas são responsáveis por suas ações! Eles oferecem o melhor dos dois mundos, e isso resulta em reduções drásticas na violência das gangues.

A constelação de estereótipos negativos com relação à pele preta está intimamente ligada à constelação de estereótipos negativos relativos à África. Simplificando, quando alguém vê uma pessoa preta, também vê, consciente ou inconscientemente, fome, guerras, violência e miséria.

No fim, acho que a pobreza na maioria dos países africanos é culpada por essa imagem ruim que o mundo tem de nós. Apenas 40 anos atrás, a China era mais pobre que a maioria das nações africanas hoje. A China era tratada com total desrespeito. Você pode (e deve) desprezar o Partido Comunista Chinês, mas ninguém acredita que os chineses não sejam pessoas inteligentes e trabalhadoras.

É isso que acontece quando uma nação se torna uma potência econômica; e o mesmo com tantas outras nações ao redor do mundo. A Irlanda era uma piada; agora é rica.

Em 2020, postei um artigo no Facebook que apontava que o 1,3 bilhão de africanos juntos geram um PIB menor que o da Grã-Bretanha, que tem 66 milhões de pessoas.* Se quiser saber de onde vem o racismo, veja essas estatísticas. Se você vê pessoas carentes, com menos educação e uma cor de pele muito diferente, sua percepção pode facilmente se manifestar como racismo. É o típico desdém pelos pobres. Se acha isso duro, veja o exemplo inverso: pense no respeito absurdo que as pessoas mostram pelos ricos.

Cem anos atrás, os chineses eram tratados quase tão mal quanto nós. Mas, desde então, eles se tornaram ricos e prósperos. Hollywood nem sequer faz um filme se achar que os chineses não vão gostar! Eles decidem o que nós e o resto do mundo podemos ver e fazer.

---

* Remi Adekoya, "Has BLM picked the wrong target?", UnHerd, 29 de junho de 2020, https://unherd.com/2020/06/why-dont-black-lives-matter/.

Por quê? Porque eles têm o dinheiro!

Noventa por cento dos pretos do mundo vivem na África subsaariana, que é um dos lugares mais pobres da Terra. A cor da pele naturalmente se conecta com a pobreza; as pessoas presumem que os africanos são inferiores.

Nana Akufo-Addo, atual presidente de Gana, disse muito bem: "O destino dos pretos, onde quer que estejam no mundo, está ligado à África. Enquanto a África não for respeitada, os pretos não serão respeitados."

Se você realmente se importa com o racismo e a maneira como os pretos são vistos em qualquer lugar do mundo, ajude-me a tornar a África rica.

Em um mundo ideal, amaríamos e respeitaríamos nossos semelhantes com base no conteúdo de seu caráter, sem nenhuma preocupação sobre o tamanho de suas contas bancárias. Essa é uma ótima meta. Mas temos que começar do começo.

COM O BISPO OMAR

12

Dund gu jeexagul, lu nekk xaj na ca
(Enquanto a vida não termina,
tudo ainda é possível)

Claro que, no fim, a revitalização da África estará nas mãos dos africanos.

Temos algumas boas notícias: uma pesquisa recente encontrou que 76% dos 4,2 mil jovens africanos querem abrir uma empresa nos próximos cinco anos. Seis a cada dez já têm uma ideia fervilhando na cabeça para um empreendimento! Ivor Ichikowitz, que administra a fundação de sua família que conduziu a pesquisa, considera os resultados "um chamado para despertar os céticos". Vejamos o que ele disse em uma entrevista à CTGN America:

> Muitos ainda se referem à África como o Continente Preto; muitos, ainda, falam da África como um caso perdido. As imagens da África são de crianças famintas. Ninguém vê otimismo. Mas nós sempre vimos exatamente o oposto.
>
> Eu queria pôr um pouco de ciência por trás desse instinto de que este continente está passando por uma transformação e que realmente há esperança e otimismo para um futuro brilhante aqui. Assumimos um grande risco ao fazer a pesquisa porque não sabíamos quais seriam os resultados, mas foi extremamente justificada. Estou feliz por dizer que encontramos um continente cheio de confiança e esperança, sobretudo a atual geração. Esta é a primeira geração de africanos de dezoito a vinte e quatro anos que nunca experimentaram o

colonialismo, que nunca experimentaram o *apartheid*, que nunca experimentaram opressão extrema, e isso se reflete em suas esperanças e aspirações, e na energia positiva que obtivemos dos resultados da pesquisa.

[Os jovens africanos] estão em um espaço no qual se conectam com o mundo. Existe um senso de conexão com a sociedade global, com a economia global, que eu acho que nunca foi visto antes no continente. Há também um senso de autocapacidade. No passado, os africanos tinham a tendência a esperar que os outros viessem e resolvessem seus problemas, mas hoje, vemos exatamente o oposto. Esta é uma geração que acredita que tem o futuro nas próprias mãos; que tem o poder e a capacidade de criar o amanhã como quer que ele seja.

É também uma geração que acredita na democracia. É uma geração que acredita que deve ter voz, por isso, acredita nos princípios da democracia — mas não necessariamente como o Ocidente a vê. Ela está quase dividida ao meio. Metade da população quer ver uma democracia ao estilo ocidental, ao passo que a outra metade quer ver uma liderança estável, autocrática e de longo prazo. Então, o que isso nos diz é que esta é uma geração que quer uma democracia ao estilo africano, não necessariamente um estilo ocidental de democracia.*

Essa é uma boa descrição da Geração Guepardo que George identificou e batizou.

Também quero falar das extraordinárias iniciativas de jovens Guepardos da tecnologia que estão surgindo por todo o continente, especialmente em nações anglófonas (nós, nações francófonas, estamos definitivamente ficando para trás). Nigéria, Quênia, Gana e África do Sul desenvolveram excelentes ecossistemas de tecnologia. O Quênia lançou o M-Pesa em 2005, um dos primeiros sistemas de dinheiro baseados em dispositivos móveis. Em 2010, era o mais bem-sucedido no mundo em desenvolvimento. Em 2013, a Hopstop, fundada por um empreendedor de tecnologia nigeriano, foi vendida para a Apple por US$ 1 bilhão. Calendly e City Block também são unicórnios (*startups*) de propriedade nigeriana (mas não focada na África), cada uma avaliada em US$ 1 bilhão ou mais. Mais recentemente, em 2021, a Flutterwave, uma *fintech* [empresa que utiliza tecnologia para oferecer serviços financeiros]

---

* "Ivor Ichikowitz talks about African youth survey", 26 de fevereiro de 2020, CGTN America, https://www.youtube.com/watch?v=fYRJpVJzCjg&ab_channel=CGT-NAmerica.

nigeriana, tornou-se o quarto unicórnio de tecnologia africano realmente servindo a África — e o primeiro fundado por um africano preto — a atingir tal avaliação enquanto ainda era uma *startup*. Em 2020, mais de US$ 1 bilhão foi investido em *startups* de tecnologia africanas em todo o continente. Sim, o cenário de tecnologia africano está acontecendo.

O primeiro objetivo de nosso esforço de conscientização é ensinar a todos — ao Ocidente e a meus companheiros africanos em particular — sobre a história do continente africano. Como eu disse, muitos acham que a história africana começa com a chegada dos europeus e, mais tarde, dos norte-americanos. Mas a África foi lar de grandes civilizações durante milhares de anos antes disso. Estou feliz por Henry Louis Gates, um conhecido professor de Harvard, ter produzido recentemente um documentário de seis horas para a PBS chamado *Africa's Great Civilizations* [Grandes Civilizações da África]. Ele apresenta uma visão de mais de 200 mil anos de história africana de uma forma agradável e colorida. Isso é inestimável, dado que a maioria dos outros recursos disponíveis são acadêmicos e, portanto, muitas vezes chatos, se não desanimadores.

Gates faz isso muito bem, particularmente para nossos propósitos. Ele aponta, por exemplo, que todos os seres humanos têm raízes africanas. Todos os 8 bilhões de humanos somos primos! Também aponta que a África é a fonte de muitos dos aspectos que nos tornam humanos, como a escrita, a arte e a música. Os primeiros reinos egípcios eram de pretos africanos, como os que construíram as pirâmides. Amanirenas, rainha do reino africano de Kush, derrotou o grande exército romano de Augusto César em uma guerra devastadora que durou cinco anos, de 27 a 22 a.C.

Mansa Musa, imperador do Mali do século XIV, era o homem mais rico do mundo — e provavelmente de todos os tempos! Foi, em grande parte, por meio do comércio de ouro e sal que Mansa Musa ganhou sua riqueza, que usou para conquistar novas terras, mas também para criar em Timbuktu não só um grande centro comercial como também uma cidade de universidades e acadêmicos. Mansa ficou famoso no mundo todo por sua proeminente inclusão no *Atlas Catalão,* publicado em 1375 e ainda considerado o mapa mais importante do mundo antigo. Em relação a sua riqueza, dizem que, ao fazer seu *hajj* (peregrinação) a Meca, ele doou no Cairo ouro suficiente para desvalorizar o metal em toda a Ásia e África.

A primeira universidade do mundo foi fundada em Fez em 859 d.C., antecedendo Oxford em pelo menos cem anos. A Universidade de Sankore, em

Timbuktu, agora no atual Mali, evoluiu de uma mesquita fundada em 989 d.C. Sob Mansa Musa, ela desenvolveu uma das maiores bibliotecas do mundo — certamente a maior da África desde a Biblioteca de Alexandria.

Como diz Gates, estas e outras realizações magníficas fornecem uma "refutação profunda" à crença de que a África não tinha história antes da chegada dos europeus: "Este continente sempre foi uma parte dinâmica, interligada e integral da história mundial".

Essa interconexão foi construída e mantida como sempre: por meio do comércio. Civilizações africanas cresceram muito na costa leste graças ao comércio com a Ásia. Entre 800 e 1600 d.C., estima-se que 500 toneladas de ouro, grande parte coletada do interior do continente, foram movimentadas nos portos orientais. A costa oeste se conectou à Europa e às Américas.

Claro que meras seis horas (a duração do documentário) não podem dar muito destaque à história completa das civilizações africanas e aos centros e rotas comerciais que outrora fizeram da África um polo mundial de comércio. Em minhas palestras e meus outros escritos, costumo recorrer ao trabalho de Ibrahim Anoba, editor do Africanliberty.com e um guia importante para o mundo da filosofia e história africanas. Vejamos uma história de alguns dos centros de poder mais importantes da África — reconheço que se trata de uma introdução muito breve à história pré-colonial da África.

[Kush] floresceu entre 785 a.C. até seu declínio em 350 d.C., e foi uma das civilizações africanas primitivas mais prósperas. Ela tem um lugar especial na história preta. Kush foi — se não a primeira — uma das primeiras civilizações pretas com processos econômicos e políticos complexos. Ganhou destaque e manteve relevância em todo o mundo antigo com suas façanhas no comércio até sua destruição pelo reino de Aksum — outra civilização africana primitiva com uma história fascinante de comércio e religião [...]*

Em certa época, Aksum, localizada na costa leste do Sudão, era "inigualável" por qualquer outro reino africano, exceto o Egito.

Em seu auge, porém, o império aksumita foi pioneiro em notáveis inovações no comércio, e sua influência foi tão abrangente que os historiadores

---

* Ibrahim Anoba, "Commerce and Trade in Ancient Africa", https://www.libertarianism.org/columns/commerce-trade-ancient-africa-egypt.

acreditam que seu território se estendeu além dos limites da Etiópia, do Sudão e da Eritreia contemporâneos. Mais tarde, por volta do século VI d.C., o território aksumita se espalhou para o sul da Arábia e do Iêmen, mas a presença de Aksum na Arábia foi interrompida por uma invasão persa. Sua forte marinha protegia as rotas comerciais costeiras e as redes comerciais ao longo do Rio Nilo e sul do Mar Vermelho, que eram a fonte de sua imensa riqueza. A força de Aksum foi bem capturada no relato do influente profeta persa do século III d.C., Mani, que escreveu: "Existem quatro grandes reinos na Terra: o primeiro é o reino da Babilônia e Pérsia; o segundo é o reino de Roma; o terceiro é o reino dos aksumitas; o quarto é o reino dos chineses."*

Quero acrescentar mais dois: devido a sua localização e seus portos, Kilwa, uma ilha localizada na atual Tanzânia, dominava o comércio que engordava os tesouros dos povos ao longo da costa swahili. Era o porto africano de entrada de mercadorias da Arábia, Pérsia e Índia. Também era o porto de partida do ouro que provinha do reino do Grande Zimbábue. O comércio fez de Kilwa um polo comercial oriental do século XIV ao século XVI, quando os portugueses chegaram.

O Grande Zimbábue também foi um reino florescente, com seu apogeu variando entre o século XI e o século XV. Seu nome, Zimbábue, é uma palavra bantu que significa "casas de pedra", um reflexo das vastas construções de pedra da cidade, cujas grandes dimensões e cujo artesanato surpreendente convenceram os primeiros visitantes ocidentais de que os homens das tribos locais não poderiam tê-las construído. Essas construções estavam na vanguarda da engenharia e do artesanato para sua época. Arqueólogos encontraram objetos da China e da Pérsia no Grande Zimbábue, indicativos de rotas comerciais surpreendentes.

A moral desta história é: comércio, comércio, comércio foi o que permitiu que nossos impérios antigos se tornassem prósperos. E agora, todos os estados africanos têm altas barreiras tarifárias. Percebe o erro? O Acordo de Livre Comércio Africano, que foi assinado pela maioria das nações africanas nos últimos anos, finalmente reduzirá as barreiras comerciais (se for realmente implementado, como prometeram os líderes africanos), mas por que tivemos

---

* Ibrahim Anoba, "Commerce and Trade in Ancient Africa: Aksum", https://www.libertarianism.org/columns/commerce-trade-ancient-africa-aksum.

que esperar até 2021 para ter livre comércio dentro da África, se era nosso direito de nascença?

O pior é que esse acordo trata apenas do comércio *dentro* da África. Ao contrário dos grandes reinos africanos passados, que exerciam o comércio global, as nações africanas quase certamente continuarão tendo altas tarifas sobre produtos de fora.

Como o sempre indispensável George Ayittey escreveu recentemente no AfricanLiberty.org, a liberdade econômica existiu durante séculos antes da chegada dos colonos; de fato, era um modo de vida fundamental para praticamente todo mundo na África subsaariana. A única distinção primária é que, embora "a propriedade individual fosse comum", o sistema econômico africano normalmente consistia em famílias participantes, ou, como às vezes são chamadas, *a linhagem.*

Os meios de produção eram de propriedade da linhagem — uma entidade privada separada do governo tribal —, portanto, privados. A terra, por exemplo, era controlada pela linhagem, dando origem ao mito da propriedade comunal, ao passo que equipamentos de caça, lanças e canoas de pesca eram de propriedade individual. Mas a família estendida agia como uma unidade corporativa, reunia o trabalho familiar e decidia quais safras cultivar na terra da família. Havia uma divisão por gênero no trabalho; o cultivo de alimentos sempre foi uma ocupação feminina na África tradicional, o que explica por que mais de 70% dos camponeses agricultores da África, hoje, são mulheres.*

A maior parte do comércio era conduzida em mercados, que eram de duas classes. Os mercados locais eram administrados principalmente por mulheres, ao passo que os mercados regionais, maiores — que conectavam as rotas comerciais internacionais —, eram principalmente província dos homens. Alguns desses mercados regionais se transformaram em grandes comunidades que ligavam a África ao mundo, como Timbuktu e Kano. Como escreveu George, esses mercados regionais serviam à maior das caravanas transaarianas e acabaram ficando muito ricos. Entre os produtos africanos estavam tecidos, cerâmica e objetos de latão. E, claro, havia o comércio de metais, como

---

* George B. N. Ayittey, "Indigenous African Free-Market Liberalism", https://www.africanliberty.org/2019/06/01/indigenous-african-free-market-liberalism.

"ferro, ouro, prata, cobre e estanho". George descreve o sistema como "capitalismo camponês".

> Os tecelões kente de Gana; os escultores iorubás; os ourives, os comerciantes e os fazendeiros; assim como os vários artesãos, comerciantes e fazendeiros nativos eram livres empreendedores. Os nativos foram assim por séculos. Os massais, somalis, fulanis e outros pastores que tocavam o gado por longas distâncias em busca de água e pasto também eram livres empreendedores. Assim como os comerciantes africanos que viajavam grandes distâncias para comprar e vender produtos — um empreendimento econômico de risco.*

O capitalismo camponês continuou operando nos pacíficos bolsões da África colonizada durante algum tempo após a chegada dos europeus e norte-americanos. Muitos desses empreendedores foram muito bem-sucedidos:

> Os pretos não só eram os melhores fazendeiros como também competiam com brancos por terras. Além disso, eram autossuficientes, portanto, não estavam disponíveis para trabalhar em fazendas de brancos ou na indústria, particularmente nas minas de ouro do Transvaal, onde sua mão de obra era muito necessária. Como resultado, foi aprovada uma série de leis que roubou dos pretos quase toda a sua liberdade econômica. O propósito dessas leis era impedir que os pretos competissem com os brancos e transformá-los em mão de obra.**

O sangue da liberdade individual corre nas veias da história africana. Como vimos antes, as tribos africanas usavam uma estrutura de governo descentralizado completamente diferente do estado africano moderno (que, essencialmente, é uma importação colonial europeia).

Sim, é frustrante. Pessoas do mundo inteiro vão à França se maravilhar com o Palácio de Versalhes, mas quando Luís xiv vivia lá, aquele lugar fedia muito. Os membros da aristocracia só tomavam banho uma vez por ano porque achavam que fazia mal para a pele. Eles tentavam encobrir os odores corporais com perfume, mas todos nós sabemos que, depois de um tempo, isso

---

* George B. N. Ayittey, *Africa Unchained: The Blueprint for Africa's Future*, Springer, 2016, pp. 350-51.

** Frances Kendall, Leon Louw, *After Apartheid: The Solution for South Africa*, 1987, citado em Africa Unchained.

só piora o cheiro. Suas perucas empoadas estavam repletas de piolhos por baixo, e em suas escadas havia montes de excrementos humanos. Mas hoje, só falamos dos móveis e da Galeria dos Espelhos.

Quando o mundo fala sobre a África, só se refere a coisas ruins. Imagine qual seria a imagem da França se todas as histórias houvessem focado em elementos como os descritos acima.

A Europa é linda; a América é legal; a África é uma merda.

Portanto, eu faço meu trabalho de focar nas partes da história que foram esquecidas. Quero mostrar ao mundo um lugar lindo, com cidades e vilas tão civilizadas quanto quaisquer outras no planeta. De fato, quero mostrar que os africanos estiveram muitas vezes à frente do tempo. Quero deixar claro que, se não houvéssemos sido interrompidos pela escravidão e pelo colonialismo, poderíamos ter continuado superando o resto do mundo. Não me refiro a uma Wakanda fantástica, como no filme *Pantera Negra* da Marvel, e sim a um lugar onde as pessoas têm defeitos e qualidades, e onde, talvez, pudéssemos ter criado ideias que mudariam o mundo. Talvez pudéssemos ter construído um governo que seria superior à democracia como a conhecemos hoje.

Quando os europeus chegaram à Somália, encontraram uma cultura parecida com a deles em muitos aspectos. Eles se depararam com tribos que colaboravam entre si. Brigavam às vezes? Claro; somos humanos. Mas, na maior parte do tempo, a paz era mantida. Havia cortes reais, e reinos se expandiam por meio de casamentos estratégicos. Não era nada parecido com o que temos hoje.

Mas quando os colonizadores europeus apareceram, disseram: "Oh, bando de selvagens, vamos trazer a civilização para vocês". Então, passamos de um sistema descentralizado sofisticado que impedia a dominação por homens fortes para estados-nação projetados por colonizadores. Eles introduziram sistemas de controle centralizado, fronteiras formais e leis abrangentes que eram — e ainda são — propensas a serem corrompidas.

As novas fronteiras coloniais não correspondiam às tribais; eram — e são — totalmente arbitrárias. Aquele que toma o poder dentro das novas fronteiras ganha poder sobre os diamantes, o petróleo, a ajuda externa e tudo que tenha valor, incluindo as outras tribos. É assim que a democracia se torna sectária, ou um campo de batalha étnico.

Veja Ruanda. Na década de 1990, gente de dentro da tribo (e outros além da fronteira) começou a agitar os hutus. "Se vocês são a maioria, por que a minoria tutsi os governa?", indagavam. Sabemos o que aconteceu, então: os hutus assassinaram mais de meio milhão de tutsis.

Nos Estados Unidos, pensamos nas leis como sendo aquilo que o legislativo aprova, mas para pessoas que levam a sério o direito consuetudinário, incluindo os britânicos, a lei é feita por juízes ao longo dos séculos. A maioria das leis africanas, originalmente, eram muito mais parecida com um sistema legal de direito consuetudinário. As "leis" coloniais recém-impostas eram completamente contrárias às nossas tradições, o que criava pressões não naturais. Foi quando passamos das tribos para o tribalismo, o conflito étnico em andamento hoje.

É onde estamos agora.

Esta é a história que precisamos ensinar sobre a África: antes da chegada dos colonos e escravagistas, a África tinha um sistema de livre mercado funcional conectado às principais rotas comerciais da Europa e da Ásia. A destruição desse sistema foi intencional. Mas ele pode ser recriado agora, e deve ser, para o bem de cada geração de africanos.

Vou resumir para você, caro leitor, e chamar isto de meu manifesto:

1. TODAS AS NAÇÕES PRÓSPERAS DEVEM PERMITIR QUE SEUS POVOS CRIEM VALOR POR MEIO DO EMPREENDEDORISMO.

Todas as nações protegem os direitos de propriedade para garantir que cidadãos e empresários não temam que criminosos ou o governo tomem suas propriedades arbitrariamente. Todas as nações permitem que seus cidadãos criem empresas livremente, sem restrições indevidas por parte de supervisores governamentais. Todas as nações permitem que seus cidadãos e suas empresas trabalhem dentro de uma estrutura legal estável, apresentando leis e tribunais relativamente imparciais que permitem que as disputas sejam tratadas de forma justa.

A maioria das nações africanas não fornece esses direitos fundamentais ao empreendedorismo. Nas classificações internacionais de Economic Freedom e Doing Business, apenas Maurício, uma pequena nação insular que agora atingiu níveis quase europeus de prosperidade, está no topo. Outros, incluindo Botsuana e Ruanda, estão indo na direção certa.

A maioria das nações africanas está na metade inferior ou no terço inferior. Nossas nações são as piores do mundo em termos de liberdade econômica.

2. A ÁFRICA DEVERIA ESTAR REPLETA DE NAÇÕES PRÓSPERAS.

Por quê? Por que deveríamos nos importar com a África? Tenho uma razão bem egoísta para mim e para você, caro leitor: a maré alta levanta todos os barcos. Se a África está subproduzindo — e, *grosso modo*, está —, os cidadãos do continente não são os únicos que perdem. Nos Estados Unidos costuma-se dizer: "Nosso maior recurso é nosso povo". Em um mundo globalizado, a perda de talentos e energia de mais de 1 bilhão de seres humanos é incalculável. O que uma África livre de suas correntes poderia oferecer a cada aspecto do esforço humano? Temos artistas, filósofos, acadêmicos, empresários, pensadores e realizadores de todos os tipos apenas esperando para revelar seus talentos ao mundo! Acredito que existam 8 bilhões de gênios no mundo. Cada um de nós veio a esta Terra com uma genialidade única, e é ela que representa uma parte da solução para os problemas da humanidade. Toda vez que um ser humano é privado de manifestar seus talentos, toda a humanidade é diminuída.

3. OS AFRICANOS DEVEM TER A MENTALIDADE DO "EU POSSO FAZER ISSO" E TRABALHAR PARA ATINGIR OS OBJETIVOS DE PROSPERIDADE PELO CAMINHO DO CAPITALISMO POSITIVO.

Não podemos sucumbir a uma mentalidade de vitimização, mas as forças das ONGS e dos anticapitalistas podem fomentar essa mentalidade. Enquanto algumas ONGS se concentram no verdadeiro empoderamento, outras veem os africanos como objetos patéticos que precisam de um salvador branco. Elas comunicam essa mensagem tanto direta quanto indiretamente.

Sim, pode ser difícil devido à falta de oportunidade. Intelectuais anticapitalistas, tanto na África quanto no exterior, repetem incessantemente uma narrativa de vitimização que diz que o continente é pobre devido à escravidão, ao colonialismo e à exploração contínua.

Sim, a África foi vitimizada. Mas enquanto essas mesmas forças intelectuais não articularem e endossarem o caminho do capitalismo positivo, que nos permitirá deixar esse passado para trás, elas serão parte do problema, não parte da solução. *Elas são os bandidos.*

* * *

Eu queria fabricar produtos na África por dois motivos: primeiro, porque me interessa muito criar empregos em minha casa, especialmente para produtos de ponta que provem que podemos quebrar estereótipos. Mas tenho que confessar que, mesmo com toda a minha ousadia, levei um tempo para me sentir à vontade fabricando na África.

Não foi fácil. Muitas vezes, tive que explicar por que estava fazendo aquilo, porque a maioria das pessoas no ramo da beleza sempre viu a África como um lugar para comprar matérias-primas, não para fabricar produtos acabados. Sim, isso me deixa louca, às vezes. Eu respeito as tradições das mulheres africanas, mas não posso respeitar o fascínio e fetichismo do Ocidente por aquelas que não tiveram a oportunidade de subir na escala econômica. Será que o melhor que podemos fazer para o deleite dessas pessoas é coletar nozes de karité e dançar em volta dos potes? Não acha que podemos fazer melhor que isso?

E *estamos* fazendo melhor. Nossos funcionários aprenderam e colocaram em prática padrões de alto nível para produzir produtos de qualidade que podem competir em qualquer mercado. É assim que se entra na Whole Foods e na Nordstrom.

Os produtos que fazemos no Senegal têm todo o lado artesanal e elegante dos feitos à mão, mas com o rigor de um laboratório moderno. Quatro anos atrás, as mulheres que agora produzem esses artigos finos nunca poderiam imaginar que um dia teriam emprego. Elas apenas esperavam marido. O capitalismo é a melhor coisa que já aconteceu ao feminismo. As mulheres podem fugir da pobreza — e dos maridos ruins também.

Estou otimista em relação a minhas empresas não só porque os produtos são ótimos, mas porque o canal de vendas que construímos para a SkinIsSkin é o mesmo que usaremos para a Tiossan. Assim, a base está preparada para a Tiossan voltar. Não sei como, e não sei quando, mas a Tiossan aconteceu em minha vida por uma razão, e preciso continuar fiel a ela.

A segunda razão de eu querer fabricar produtos na África é, sem dúvida, mais idealista: se não gritarmos aos quatro ventos a necessidade de dignidade do povo africano, quem o fará? Se você e eu não pressionarmos pela prosperidade africana, quem o fará? A maioria dos líderes africanos está aqui para encher os próprios bolsos. A maioria dos líderes de organizações internacionais de ajuda não está disposta a ser defensora ferrenha do empreendedorismo, independência e autorrespeito africanos. Mesmo hoje, a norma continua sendo uma abordagem condescendente e piedosa para com os africanos. Temos que ser líderes assertivos e persistentes desse movimento alternativo.

Tenho esperanças de que possamos fazer com que estudantes universitários dos Estados Unidos e de outros lugares participem, mas admito que há pouca evidência de que o farão. Eles também, muitas vezes, são capturados pelos entusiasmos momentâneos — as injustiças preferidas do dia — e não conseguem ver além deles.

Mas por favor: estamos falando sobre tirar mais de 1 bilhão de africanos da pobreza. Quem consegue não se entusiasmar com isso?

Deixe-me levá-lo mais uma vez de volta à minha fábrica no dia em que ouvi aquelas palavras horríveis ditas por minha jovem funcionária, Nafi: *Minha vida inteira vi pessoas como eu representadas em filmes, revistas e coisas do tipo, sempre como alguém pobre e sem esperança, que precisava da ajuda dos outros. E tenho que confessar que cheguei a pensar que, talvez, nós, pretos africanos, sejamos inferiores.*

Mas também quero lembrar ao leitor por que Nafi pôde me dizer isto: *Estou chorando porque agora sei que isso não é verdade. Eu não sou inferior. Os pretos africanos não são inferiores.* Porque todos os dias ela vai trabalhar em um lugar onde é reconhecida como uma funcionária valiosa. Ela trabalha em um laboratório imaculado, usando roupas impecáveis e um jaleco branco. Ela ganha mais dinheiro do que jamais imaginou ser possível fazendo um trabalho que nunca acreditou que poderia ter um dia. Ela sabe que os produtos que faz são comprados pelas pessoas mais legais no país mais legal do mundo. E sabe que elas estão dispostas a pagar US$ 8 — um dia de salário diário decente no Senegal! — por esses tubinhos porque ela, Nafi, garante que vale a pena.

Sendo uma africana preta que rotineiramente vê como somos desrespeitados ao redor do mundo — e frequentemente considerados inferiores, sim —, o propósito mais importante de minha vida é acelerar as pequenas mudanças positivas que estão ocorrendo atualmente na África para que, em algumas décadas, possamos ser respeitados como verdadeiros iguais, cocriadores globais de inovação e prosperidade. Os chineses e indianos estão no caminho certo para alcançar esse status, graças, em grande parte, às reformas pró-capitalistas que fizeram nas décadas de 1980 e 1990. A China se ergueu depois de séculos de pobreza amaldiçoada e hoje é o único rival dos Estados Unidos pela hegemonia econômica mundial.

Contudo, além de poucos grupos libertários, não ouço ninguém pedindo a libertação da África. Eu descrevi os benefícios, mas pense nas desvantagens de não fazer nada. A China está estendendo seus tentáculos para a África, frequentemente comprando nossos políticos.

Na África, temos riqueza natural ilimitada, mas somos pobres. Alguns anos atrás, Dubai não passava de um monte de areia, e Hong Kong era uma rocha estéril. Singapura era uma selva cheia de pântanos. Como alguns dos pedaços de terra mais inúteis se tornaram alguns dos lugares mais ricos da Terra?

Este livro é minha resposta.

Minha esperança mais ardente é que finalmente concordemos que os africanos merecem ambientes de negócios e instituições capitalistas de primeira linha, como aquelas de que desfrutam os cidadãos da Dinamarca, Nova Zelândia, Suíça e dos Estados Unidos. Eu imploro a vocês, se realmente se importam com os africanos pretos, se realmente se importam conosco, juntem-se a mim, venham ser defensores diretos da liberdade econômica na África.

Em consequência de nossos esforços, vejo a África lançando uma indústria que rivaliza com Shenzhen, uma inovação tecnológica que rivaliza com o Vale do Silício, uma cultura que rivaliza com Nova York e Paris, tudo com uma *alegria de viver* que é unicamente africana.

Essa é a África em que vivo em minha cabeça e meu coração. A visão é clara, e o caminho para ela é sólido. Sabemos como realizar uma transformação tão radical, uma transformação que todos nós seremos capazes de testemunhar em nossa vida, porque leva apenas algumas décadas para fazer efeito.

E assim, vamos finalmente libertar os Guepardos, os velozes corredores da África. A única liberdade de que ainda precisamos é da econômica. Que o mundo se maravilhe enquanto nós, africanos, fazemos a corrida de nossa vida, a passos de gigante. Será um fenômeno muito bonito de testemunhar: uma geração inteira de africanos se levantando para restaurar a prosperidade e a dignidade perdidas de nossa amada Pátria e a cultura incrível que nossos antepassados pré-coloniais criaram.

Eu sou Magatte Wade. Eu sou um Guepardo.

E este é o conteúdo de meu coração.

13

Pexe du jeex
(Não há fim para as soluções)

Muito bem, como os africanos podem se tornar prósperos e ser conhecidos globalmente como cocriadores de inovação e prosperidade?

Vou delinear aqui minha visão para a Geração Guepardo (empreendedores africanos de rápido crescimento e seus aliados). O objetivo dessa geração é convocar todos os Guepardos da África, inclusive aqueles que partiram em busca de mais liberdade em outro lugar (a diáspora), para liderar a transformação que buscamos para nosso povo e nossa terra.

A Geração Guepardo unirá todos os Guepardos da África para que trabalhem juntos, assim como fazem na natureza quando caçam. Não há nada que eu ame mais que assistir a um bando de guepardos caçando. É de admirar a paciência, a colaboração profunda e a soberba coordenação que demonstram.

Minha única ressalva é esta: ser um membro da Geração Guepardo não tem nada a ver com idade ou com ser africano ou não. Tem a ver com a mentalidade. Vamos nos mover rápido como guepardos. Vamos progredir a passos de gigante.

A Geração Guepardo tem dois ramos principais. O primeiro é criar conscientização e o segundo é agir.

CRIAR CONSCIENTIZAÇÃO

Precisamos organizar e focar todos os que se importam com a África para que se unam em torno de estratégias pró-negócios e pró-crescimento. Precisamos educar as pessoas que realmente se importam com os povos africanos para que participem de atividades mais construtivas e menos destrutivas (ou meramente inúteis). E precisamos trabalhar com aqueles que estão convencidos de que os mercados livres são a chave para a prosperidade africana.

Esse é o primeiro passo, porque muita gente que quer ajudar — como Jeffrey Sachs e os jovens entusiasmados nos *campi* universitários — não têm ideia do que está acontecendo. Todos eles participaram de esforços para fornecer um diagnóstico e tratamento adequados para a África, mas todas as suas campanhas foram ineficazes porque tratavam a doença errada!

Isso também acontece com os africanos, porque muitos, particularmente os mais velhos, compraram a ideia equivocada que os líderes socialistas da independência da África (Senghor, Nyerere, Nkrumah etc.) e os anticapitalistas ocidentais têm promovido. Por que não deveriam? Há décadas que todos leem o mesmo manual, os mesmos estudos, as mesmas teorias. Eles veem que os únicos que conseguem sobreviver em nossos sistemas hiper-regulamentados são os que conhecem alguém no governo. Ou os que ganham a vida trabalhando com alguma ONG, que geralmente são parte do problema. Enquanto isso, a maioria dos jovens africanos está frustrada e furiosa, especialmente com os líderes africanos, sem ver soluções que não sejam tirar os líderes atuais e colocar outros (às vezes até golpistas), que provavelmente terão um desempenho tão ruim quanto seus antecessores. É uma bomba-relógio, e o ressentimento em relação aos líderes ou ao Ocidente não nos levará a lugar nenhum; precisamos de uma direção positiva realista.

ESCOLHA SEU VENENO

É engraçado, na verdade. Esse monte de gente antiempresarial e anticapitalista olha para a pobreza na África e diz: "Veja! O capitalismo não funciona." Essas pessoas ainda não entendem a diferença entre mercado aberto (também conhecido como capitalismo empreendedor) e capitalismo de compadres.

Tenha fé: à medida que for ficando mais fácil fazer negócios, uma classe média irá se formar. Se nos concentrarmos em libertar os empreendedores, eles, por sua vez, construirão essa classe média criando empresas e empregos. E então, a classe média lutará a última batalha: mais direitos individuais, governança adequada, tudo isso. Esse é o fluxo; essa é a ordem na qual as coisas funcionam.

É uma verdade universal: se você é pobre, as pessoas tendem a tratá-lo mal, e fica mais difícil fazer valer seus direitos humanos normais. Não é justo nem certo, mas é assim. Os outros nos tratam mal porque não temos muita coisa. Mas tendo uma boa classe média, todas essas batalhas serão travadas por ela — a única entidade que pode vencer essa luta. Por que isso acontece nos Estados Unidos? Porque há uma classe média dominante, com bastante comida na barriga e teto sobre a cabeça. Eles têm dinheiro para investir em esforços para a mudança.

Atualmente, sou diretora do Center for African Prosperity da Atlas Network, a principal organização de *think tanks* * de livre mercado africana. A Atlas Network não é uma organização nova; ela existe há 40 anos e tem financiamento significativo e estável. Muitas das 54 nações da África (ou 56, contando as duas nações disputadas, Somalilândia e Saara Ocidental) têm pelo menos um *think tank* de livre mercado, e todos estão trabalhando para mudar as leis em seus respectivos países para remover barreiras ao empreendedorismo. É um trabalho incrivelmente importante. Entre em atlasnetwork.org para saber mais sobre questões relacionadas à liberdade econômica na África, conforme estabelecido por nossos parceiros regionais.

Em relação ao esforço para promover o empreendedorismo africano, devo também mencionar a African Diaspora Network, que é composta por imigrantes africanos nos Estados Unidos. São, na maioria, empreendedores do Vale do Silício, o que é bom, porque eles têm recursos. Mas é limitado, porque seus esforços para o desenvolvimento de negócios são naturalmente voltados para soluções digitais. Muitos não percebem que o mundo digital cresceu, em parte, porque é o mercado menos regulamentado do mundo (por isso a internet decolou). A maioria ainda desconhece as dificuldades criadas pela excessiva regulamentação na África para os empreendedores não tecnológicos, que têm muito menos possibilidades de escapar dos controles devido ao simples fato de que as empresas de tecnologia operam basicamente na nuvem. Mas os empreendedores tecnológicos nigerianos estão começando a

---

* Os think tanks, ou reservatórios de ideias, são organizações responsáveis por gerar pesquisas e análises sobre políticas públicas, questões sociais e econômicas. https://www. blog.inteligov.com.br/o-que-sao-os-think-tanks

sentir como são dolorosas e sufocantes as regulamentações, graças ao aumento das normas para esse setor na Nigéria (é o próprio governo tentando matar a galinha dos ovos de ouro).

Dei uma palestra em uma das reuniões deles e, como sempre, apontei que o sistema regulatório africano é uma droga. Depois disso, a reunião ficou meio estranha, porque eles estão incentivando outras pessoas a investir na África, dizendo: *Somos um ótimo lugar para fazer negócios*.

Mas eu conto a história toda, inclusive o importantíssimo fato de que o ambiente de negócios africano é péssimo. Alguns foram me dizer depois: "Você tem razão", e deram de ombros. Não os vejo mudar o foco; para eles, tudo bem. Dá para gerar dinheiro com a tecnologia, mas ela não tem o mesmo impacto que empregos na indústria; inclusive, nem cria a mesma quantidade de empregos.

A tecnologia sozinha não criará uma África totalmente próspera. Sei que precisamos de outros tipos de empreendedores evoluindo em ambientes que ainda não podem escapar das leis que os cercam, o que significa que temos que lidar com o clima de negócios. Precisamos poder construir casas e prédios comerciais. Precisamos da liberdade de fabricar bens (é isso que significa construir indústrias ou industrializar), inclusive a liberdade de contratar e demitir livremente. Precisamos poder abrir empresas com facilidade (e não só alegar que temos um balcão único 24 horas para registrar uma empresa, pois, na verdade, leva meses para juntar a papelada necessária para levar ao tal balcão único). Precisamos de acesso a diversos tipos de estruturas de financiamento (os estados africanos, definitivamente, regulam excessivamente o setor bancário e financeiro) e precisamos de acesso a uma corte justa e oportuna para resolver disputas comerciais.

Então, de um lado, há o braço da conscientização. E do outro, o braço para tomar medidas.

AGIR

Vamos trabalhar com aqueles que estão convencidos de que o livre mercado é a chave para a prosperidade africana.

Depois que participei do documentário *Poverty, Inc.*, fui abordada por umas trinta organizações querendo falar comigo. Todas tinham as mesmas perguntas: o que podemos fazer? Comprar produtos africanos? Mas onde?

Perdemos uma grande oportunidade por não ter um sistema funcionando para aproveitar todo esse interesse, e eu não quero que isso aconteça de novo.

Por isso, primeiro oferecemos um site (cheetahmade.com), onde qualquer um pode comprar produtos verificados "Cheetah Made". São produtos feitos na África por africanos, mas também forneceremos muito mais. Lembre-se de que nossa prioridade não são soluções rápidas, e sim mudar o sistema para permitir prosperidade de longo prazo para todos. Em nosso site, você encontra passos concretos que pode seguir para fazer parte da solução:

- Seja um evangelista da Geração Guepardo.
- Compre produtos verificados Cheetah Made.
- Invista em empresas africanas.
- Seja mentor de empreendedores africanos.
- Contribua com talento ou dinheiro para formas inovadoras de impulsionar a educação na África.
- Contribua com talento ou dinheiro para iniciativas de governo eletrônico na África.
- Contribua com talento ou dinheiro para iniciativas das Startup Cities africanas.

Não é nenhuma surpresa que, depois de conseguir adeptos para a Geração Guepardo, nosso primeiro objetivo seja garantir que todas as pessoas no mundo tenham a oportunidade de comprar produtos Cheetah Made de forma rápida e simples.

Já temos um site criado para isso — cheetahmade.com — e logo teremos produtos lá. Quem quiser participar poderá adquirir produtos incríveis agora produzidos por africanos — de tudo, desde produtos de alta qualidade para cuidados com a pele até lindas joias, chás deliciosos e ótimos trajes de banho; e uns salgadinhos que as crianças africanas adoram, mas você nem sabe que existem.

Como amendoins incríveis torrados na areia quente do Senegal. Até mesmo a manteiga de amendoim do Senegal tem um sabor especial. Algumas mulheres africanas fazem geleias sensacionais de hibisco com morango e hortelã. E geleia de baobá! O baobá é aquela árvore enorme e estranha que parece estar de cabeça para baixo porque seus galhos lembram raízes. O fruto seco do baobá também é ótimo para fazer sucos porque tem poderosos antioxidantes. Também temos chips de coco que são viciantes como chips de batata, mas muito mais saudáveis! Por onde você olha na África, encontra coisas legais.

Vou parar agora porque percebi que parece que estou tentando vender algo. Bem, de certa forma, estou mesmo. Mas quero lhe dizer o seguinte: o continente africano foi completamente ignorado por muito tempo, mas há mais coisas acontecendo lá do que você possa imaginar.

Pretendemos que a Cheetah Made apoie diversas marcas e empresas africanas.

Outras oportunidades disponíveis por meio da Geração Guepardo exigirão um comprometimento maior: mentoria para empreendedores na África, por exemplo. Seremos intermediários para ajudar empresários bem-sucedidos do mundo a se conectar com empreendedores na África que estejam querendo mentoria e orientação para seus negócios.

Quem estiver interessado em investir em empresas na África receberá orientação e conexões de lá. Estamos em contato com vários fundos confiáveis que investem em empresas africanas. Veja nosso site, cheetahgeneration.com, para entrar em contato se estiver interessado em saber mais.

Não há golpes. Não há complexo de salvador branco. São só seres humanos que se respeitam, se envolvem em nível olho no olho, comprometidos com a ideia de que se um ganha, todos ganham. Queremos fazer o bem, fazer bem e nos divertir juntos.

E para vocês, meus amados jovens africanos que se sentem inspirados por essa visão, tenho um convite especial para que se conectem da maneira que quiserem. Precisaremos de estudantes africanos, educadores, empreendedores, mentores, financiadores etc. Além disso, o governo eletrônico e as Startup Cities fornecerão muitos empregos excelentes para jovens africanos ambiciosos e talentosos.

GOVERNO ELETRÔNICO E *STARTUP CITIES*

Algumas oportunidades disponíveis por meio da Geração Guepardo envolverão projetos de longo prazo, claro.

Em relação aos governos eletrônicos, vou começar dizendo que é difícil pecar por excesso ao afirmar como a maioria dos governos africanos é disfuncional. Enquanto ao redor do mundo muitos têm a lendária noção de governo como servidores eleitos benevolentes e administradores eficientes que trabalham juntos pelo interesse público, isso é risível em muitas nações em desenvolvimento. Na África, os empregos no governo geralmente não passam de uma sinecura confortável, e os cargos políticos costumam ser uma licença para roubar.

O que fazer? Uma solução possível é o governo eletrônico. Por um lado, o governo eletrônico simplesmente tornaria os procedimentos mais eficientes, como a tecnologia fez em todos os outros setores. Por que as diversas agências burocráticas não deveriam ser tão eficientes quanto a Amazon ou o Google? A pequena Estônia, que há apenas 30 anos era um exemplo típico de um lugar parado no tempo, hoje é líder global em governo eletrônico. O TechReport estima que o país tem, agora, 99% de todos os serviços governamentais disponíveis on-line 24 horas por dia, sete dias por semana. Trinta por cento da população usa o i-voting. As estimativas atuais sugerem que "a burocracia reduzida economizou 800 anos de tempo de trabalho".

Imagine se em vez de esperar meses para obter a aprovação de um burocrata africano, um empreendedor senegalês pudesse ter acesso instantâneo a ela pela internet. Isso seria uma grande vitória.

Mas agora, imagine algo maior: o sistema de governo eletrônico definitivo permitiria que os cidadãos controlassem todas as receitas e despesas do governo. Com algumas exceções, como decisões sobre funcionários, todas as reuniões seriam gravadas, e cada e-mail, tornado público. Isso significaria que cada processo de compra seria documentado, cada recibo de cada despesa estaria disponível. Embora esse sistema não eliminasse a corrupção, tornaria consideravelmente mais fácil identificar e capturar os culpados. Políticos e burocratas ainda roubariam, mas, com o tempo, os excessos mais flagrantes poderiam ser eliminados.

No entanto, por que um político permitiria uma invasão dessas a seu trem da alegria? A melhor justificativa seria o incentivo à comunidade internacional de doadores. Grande parte da África ainda continua muito dependente da ajuda estrangeira. Em vez de permitir que os líderes desviem centenas de milhões para suas contas bancárias na Suíça, por que não exigir um governo eletrônico rigoroso para que tudo possa ser rastreado?

De início, isso poderia ser feito no âmbito municipal. Eu falei com alguns líderes que afirmaram estar dispostos a implementar esse software em troca de ajuda. Um requisito modesto que poderia gradualmente forçar muitos municípios a seguir o exemplo; dentro de alguns anos, poderia se tornar um requisito para receber ajuda que os governos implementassem um sistema de governo eletrônico. Pouco a pouco, esse requisito poderia ser aplicado a unidades de governo cada vez maiores e, finalmente, a nações.

Por fim, falemos sobre tecnologias *blockchain** e *bitcoin*: primeiro, houve iniciativas para usar *blockchain* para documentar títulos de propriedade. Sem alegar que é uma solução mágica, livros-razão públicos transparentes que não possam ser alterados sem que fique registrada a alteração são, sem dúvida, uma solução que vale a pena explorar em nações com sistemas de manutenção de registros notoriamente ruins e corrupção generalizada.

E as bitcoins são inestimáveis em nações com inflação significativa e controles de moeda que impedem os cidadãos de movimentar capital para dentro ou para fora. Para que os empreendedores criem prosperidade na África, eles precisam da liberdade de empregar a moeda que escolherem e movimentar capital livremente. Em muitas nações africanas, há restrições severas aos fluxos de capital. Mas, em geral, as empresas precisam transferir capital de um uso para outro de forma rápida e sem complicações. Muita gente no Ocidente passou a associar o bitcoin a especulação, especialmente após o colapso espetacular da bolsa de criptomoedas FTX. Essa gente, porém, não sabe como é viver em uma nação com instituições financeiras fracas e, em muitos casos, taxas de inflação cronicamente altas. O bitcoin também é um caminho para a libertação do CFA, uma moeda controlada pela França que atualmente é usada por 15 nações e mais de 180 milhões de pessoas.

STARTUPS CITIES

As Startup Cities, também conhecidas como Charter Cities, fazem parte de um programa que reconhece que a prosperidade é o resultado natural do acesso ao que chamamos "kit de ferramentas empreendedoras". Nesse kit, você encontra três ferramentas essenciais: direitos de propriedade, estado de direito e liberdade. No decorrer do último século, todas as nações que forneceram a seus cidadãos acesso a essas ferramentas tornaram-se prósperas.

Idealmente, os governos reformariam suas políticas para melhorar seus ambientes de negócios. De vez em quando isso acontece — em Ruanda, o presidente Paul Kagame explicitamente copia as reformas de Lee Kuan Yew, que levou prosperidade a Singapura. Em consequência, nos últimos anos,

---

* Blockchain é um livro-razão compartilhado e imutável que facilita o processo de registro de transações e rastreamento de ativos em uma rede de negócios. https://www.ibm.com/br-pt/topics/blockchain

Ruanda tem sido frequentemente uma das melhores no índice Doing Business. Ela também está entre as nações de crescimento mais rápido na África, apesar de ser um país sem litoral e com poucos recursos minerais. Ruanda também passou de francófona a anglófona, tanto na língua quanto na lei. Michael Fairbanks, um empreendedor norte-americano, tem aconselhado Kagame e construído relacionamentos com investidores dos EUA.

Mas, com mais frequência, as nações ficam presas em um estado de socialismo, irremediável, ou capitalismo de compadres, que tende a ser um pouco melhor, mas ainda não conduz à verdadeira prosperidade.

Hernando de Soto, que em 2002 foi finalista do Prêmio Nobel de Economia, disse uma vez que quando os Estados Unidos ou outra nação assinam um acordo de livre comércio com a maioria dos países, estão assinando o acordo apenas com os 10% mais ricos da população do novo parceiro, porque essa é a porcentagem aproximada daqueles que têm acesso a direitos de propriedade seguros.

Entretanto, há outra abordagem, que tem a vantagem de não exigir que os pesados navios do estado corrijam seu curso: Zonas Econômicas Especiais (ZEES), que também identificamos sob a rubrica de Startup Cities. Elas proporcionam maior atividade econômica dentro da zona, o que leva a maior liberdade econômica em todo o país e, finalmente, a maior prosperidade. Isso funciona? Veja a Coreia do Sul, a China, a Índia, o México, Maurício e a Irlanda, que são exemplos do sucesso espetacular que pode resultar.

Vou responder a sua primeira pergunta: por que os governos centrais permitiriam que tal liberdade fosse implantada em seus sistemas? Bob Haywood, ex-diretor executivo da World Economic Processing Zones Association, fornece um pouco de história e conta que, normalmente, essas zonas são apoiadas não pelos oligarcas centrais, cuja riqueza depende do controle exclusivo de aeroportos, bancos, mídia etc., mas sim por aqueles que fazem parte do círculo externo da oligarquia: os filhos mais novos, primos, cunhados etc. Eles estão suficientemente próximos do oligarca, mas normalmente não têm acesso direto às alavancas de riqueza e poder. Eles argumentam, por exemplo, que se receberem uma zona de processamento de exportação que não concorra com empresas locais, poderão ganhar dinheiro sem minar os privilégios especiais das elites.

Uma vez que essas zonas começam a ter sucesso — tipicamente por meio de impostos mais baixos e menor regulamentação —, os próprios oligarcas se interessam, investem e as expandem. Surge uma classe empresarial muito maior do que foi originalmente previsto e, no processo, cresce em todo o país uma voz rica e poderosa clamando por maior liberdade econômica.

Em 2001, Dubai testou o piloto da nova geração de zonas quando criou o Dubai International Financial Centre (DIFC). As zonas anteriores tinham principalmente impostos e regulamentações reduzidas, mas ainda estavam inseridas no sistema legal padrão da Sharia dos Emirados Árabes Unidos. Mas se observarmos os principais centros financeiros do mundo — Nova York, Londres, Singapura, Hong Kong, Chicago, Sydney —, todos eles usam uma versão do direito consuetudinário britânico. O DIFC foi projetado para que um sistema legal de direito consuetudinário se aplicasse a todas as transações comerciais dentro dos 110 acres da zona.

Com esse novo sistema em vigor, Dubai rapidamente disparou e se tornou um dos principais centros financeiros do mundo, chegando ao top 20 já na primeira década e ao top 10 menos de 20 anos após o lançamento. Foi uma conquista impressionante — tão impressionante, na verdade, que alguns anos atrás, Abu Dhabi copiou todo o design, incluindo a contratação de respeitáveis especialistas internacionais em direito consuetudinário britânico. Em 2022, Dubai anunciou que ajudaria a Colômbia a criar uma zona de direito consuetudinário.

Em 2009, Honduras aprovou uma legislação graças a Octavio Sánchez, chefe de gabinete do presidente Lobo. Sánchez passara quase uma década imaginando essa zona, junto com seu consultor norte-americano, Mark Klugmann. Tenho orgulho de dizer que meu marido, Michael, foi essencial para colocar essa nova zona em prática. Enquanto dava consultoria educacional socrática na Universidade Francisco Marroquín (UFM), na Guatemala, Michael ficou próximo de Giancarlo Ibargüen, reitor da faculdade na época. "Gianca" também havia imaginado essas zonas, portanto, quando chegaram as notícias de que Honduras vinha trabalhando para instalá-las com seus próprios sistemas legais, Gianca apresentou Michael às figuras principais. Michael reuniu uma equipe e, por fim, assinou o primeiro Memorando de Entendimento (MOU, na sigla em inglês) com o governo de Honduras para desenvolver a zona.

A história dessa passagem é longa e tortuosa e inclui muitas lutas memoráveis, como a rejeição, por parte da Suprema Corte de Honduras, do primeiro plano proposto. O plano foi apresentado por Paul Romer, um economista norte-americano e ganhador do Prêmio Nobel. Em seu plano estava a sugestão de que outro país deveria controlar o sistema legal dentro da zona, uma clara violação da soberania nacional e, de fato, um tapa na cara dos hondurenhos.

178

A legislação subsequente foi revisada para fornecer governança na zona como uma extensão da autonomia municipal — portanto, *Startup Cities*.

Em maio de 2020, a Próspera, uma Zona de Emprego e Desenvolvimento Econômico (ZEDE), foi inaugurada na ilha de Roatán, na costa de Honduras. Investimentos e talentos estão chegando e, se tudo der certo, levará a uma prosperidade drástica semelhante à vista em Dubai, Hong Kong e Singapura.

Nos últimos anos, explodiu o movimento global para promover essas jurisdições. Atualmente, há vários projetos aguardados na África, mas nenhum baseado em legislação que forneça tanta autonomia quanto as ZEDES hondurenhas.

Assim como em Dubai e Abu Dhabi, as ZEDES fornecem um sistema jurídico de direito comum com um sistema regulatório e de direito comercial independentes. É isso que a Cheetah Alliance buscará para a África. Há inícios promissores já lançados na África, com a Enyimba Economic City na Nigéria, que ganhou o primeiro lugar na competição mundial de planos de negócios do Charter Cities Institute em 2019. Outras possibilidades promissoras são Nkwashi, Zâmbia; Talent City, Nigéria; e possivelmente Akon City, Senegal (mas ainda não está claro se Akon City fornecerá uma significativa otimização regulatória). O Charter Cities Institute, uma organização sem fins lucrativos, tem acordos em andamento com meia dúzia de outros países africanos para desenvolver projetos semelhantes. Esse movimento recebeu atenção das publicações *Wired Magazine, The Financial Times, African Business* e *fDi Intelligence*. Está acontecendo!

Como você deve ter notado, nem o governo eletrônico nem as *Startup Cities* exigem cooperação pan-africana ou algo parecido. Posso dizer, por experiência própria, que isso é bom. Se conseguirmos uma cooperação mais ampla em todo o continente, isso será ótimo. Estou animada com o Acordo de Livre Comércio Africano, mas não me iludo de que será totalmente implementado, e alguns detalhes dele me dão calafrios.

* * *

As enormes discrepâncias étnicas são outra razão para focar na criação de bolsões de excelência, em vez de redesenhar fronteiras nacionais. Devemos restabelecer e celebrar as distinções que nossas centenas de tribos e etnias têm para oferecer. Eu adoraria começar no Senegal porque é meu lar, mas se houver um lugar melhor, irei para lá.

Como em qualquer coisa, ter a adesão de todos é melhor. Mas não precisamos disso. Michael me disse, há muito tempo, que quando enfrentamos um problema assustador que afeta muitas, muitas pessoas, devemos focar em criar uma ilha de excelência, não importa que seja pequena. Todos os outros vão notar.

O que está acontecendo ali? Como eles fizeram isso? Quando as pessoas começarem a fazer essas perguntas, estarão no ponto certo para ouvir. Seres humanos são seres humanos. Somos inspirados por sonhos.

A visão é a seguinte: em cinco anos, teremos de cinco a dez *Startup Cities* por toda a África, novas jurisdições com leis e governança de primeiro mundo e educação de ponta, atraindo nossos melhores e mais brilhantes empreendedores para fundar empresas, gerar empregos, inovações e nova riqueza! E em dez anos, teremos entre 30 e 40 cidades dessas, e em 40 anos, centenas, já cheias de empresas multinacionais bem-sucedidas, de propriedade de africanos e criadas por africanos, atuando em novos ramos, e centenas de empresas africanas menores lhes fornecendo bens e serviços de ponta.

Esse tipo de aceleração agressiva do progresso é como a África se tornará uma das principais regiões para empreendedorismo, inovação e criação de riqueza na Terra. Vejo um futuro no qual as fantasias de Wakanda serão superadas pela realidade nas próximas décadas.

***

Existe outra questão que me assombra há anos: *o que eu posso fazer para ajudar?*

Muitos anos atrás, eu não sabia o que dizer. Hoje, eu sei.

Veja o que você pode fazer para tornar o futuro da África próspero:

1. **Apoie empreendedores e empresas africanas:** Seja consumidor, investidor ou doador, você pode fazer a diferença apoiando empreendedores e empresas africanas. Se quiser conhecer ou adquirir produtos e serviços de empresas de propriedade africana, ou estiver interessado em investir na África, visite cheetahgeneration.com. Você também pode se inscrever e receber minha newsletter em magattewade.com, onde compartilho recursos e recomendações.

2. **Defenda as Startup Cities:** Quando surgirem conversas sobre a África em seus círculos sociais, você agora tem um novo conceito sobre o qual falar: *Startup Cities*. Você também pode escrever para os governantes que elegeu e participar de grupos de defesa e discussões públicas sobre a necessidade de ambientes de negócios de primeiro mundo na África para dar espaço para o empreendedorismo e a inovação.
3. **Participe do movimento:** Acima de tudo, por favor, mantenha-se conectado com aqueles que são apaixonados por criar mudanças positivas na África. Participe de conferências, de viagens à África. Leia livros. Compartilhe artigos e converse com pessoas que pensam como você. Minha comunidade — os membros da Cheetah Generation — está pronta para recebê-lo no cheetahgeneration.com.

Obrigada por reservar um tempo para ler minha história e por se juntar a mim nesta jornada. Convido você a continuar comigo enquanto criamos este novo mundo juntos. Junte-se a nós para fazer acontecer! Há espaço para todos!

Porque quando a África finalmente alcançar a prosperidade, ela abrirá um futuro tão brilhante que mal podemos imaginar.

E esse é um futuro pelo qual vale a pena lutar.

PÓS-ESCRITO: IBOU

Após escrever a maior parte deste original em 2020, retornei ao Senegal em abril de 2021, depois de ficar fora por mais de um ano devido à Covid-19. Foi o período mais longo que estive fora desde que abri a Adina.

Passei a primeira semana em casa, pondo a conversa em dia com Ibou e sua família. Era Ramadã, de modo que todas as noites quebrávamos o jejum com alegria e conversávamos e ríamos até tarde. Foi uma recepção maravilhosa.

Cerca de uma semana depois, Ibou teve uma infecção. Passados alguns dias, eu o levei ao hospital em Mékhé. Uma enfermeira lhe deu alguns antibióticos e outros remédios, e disse que ele melhoraria logo.

Naquela noite, ele entrou em um estado delirante, semiconsciente; falava coisas incoerentes, tropeçava e caía quando se levantava para ir ao banheiro. Fiquei muito preocupada.

Tarde da noite, Ibou finalmente aceitou que eu o levasse a um hospital em uma cidade próxima, a uns 45 minutos de distância. Era uma sexta-feira à noite. Quando chegamos à entrada do pronto-socorro, ninguém saiu para nos receber. A equipe ficou parada na porta, observando enquanto o tirávamos do carro. Ele era um homem grande, pesado, e estava delirando, e não havia nenhum profissional da saúde para nos ajudar.

Quando entramos, o médico da equipe não tinha nenhuma sugestão para dar, exceto que talvez fosse bom ele fazer uma tomografia cerebral, para ver se não estava tendo um derrame. Disseram que o único tomógrafo funcionando àquela hora era em Dacar, a outra hora e meia de distância. Perguntei se podiam levá-lo de ambulância, e eles informaram que não sabiam onde a ambulância estava. Ela havia ido para Dacar e poderia voltar em algumas horas, ou talvez só de manhã. Eu estava aflita, furiosa e ansiosa, tentando tomar uma decisão. Foi quando uma das enfermeiras se aproximou de mim e sussurrou:

— Você tem carro?

— Sim — respondi.

— Sugiro que o leve de carro. Dirija devagar. Deus é bom, e pela Sua graça, vocês chegarão lá. Agora, vá — disse ela.

Meu motorista e eu o colocamos de volta no carro sozinhos. Àquela altura, Ibou segurava a cabeça, morrendo de dor, enquanto seguíamos pela estrada. Eu fui atrás, segurando a cabeça dele, tentando protegê-lo da dor quando o carro chacoalhava.

Por fim, chegamos ao pronto-socorro. Fizeram a tomografia, mas não viram nada. Mas Ibou foi internado no pronto-socorro. Infelizmente, não me deixaram vê-lo. Era muito difícil conseguir qualquer informação deles. De novo, a equipe do pronto-socorro se mantinha apática e passiva. Voltei para casa para dormir algumas horas, cuidar das crianças, e voltei no sábado. O nível de sódio de Ibou estava perigosamente baixo, ele fora colocado no soro. Subornei um dos funcionários da recepção para que me deixassem vê-lo (devido às restrições da Covid-19, não era permitido visitar os pacientes). Encontrei-o em um quarto com janela, então, me levaram para fora e abriram a janela para eu poder falar com ele. Ibou se mostrava fraco e triste por estar no hospital, mas pelo menos conseguia falar e não mais delirava.

No domingo à noite, Ibou parecia melhor. Ele queria voltar para casa, ficar com os filhos e dormir na própria cama. Eu o levei de volta a Mékhé. Ele ainda estava com as roupas sujas e ensanguentadas que vestia na sexta-feira à noite; ninguém o trocou, nem lhe deu banho, nada.

Quando uso a palavra "hospital" nos confortáveis países do Ocidente, a maioria das pessoas imagina um espaço limpo e asséptico. Mas aquele pronto-socorro em particular não era tudo isso. Você não faz ideia do que estou falando. É de se esperar também uma equipe profissional, experiente e compassiva, mas o que encontrei foi gente indiferente, que parecia ter pouco interesse em ajudar Ibou, e nenhum interesse em me dar muitas informações. Simplesmente se mexiam com apatia. Talvez estivessem exaustos, ainda mais naqueles tempos de Covid-19, sem recursos suficientes, mas essa foi uma experiência horrível para Ibou e para mim.

De volta a Mékhé, ele se sentiu melhor por alguns dias. Até que começou a delirar de novo, quase certamente devido aos baixos níveis de sódio.

Como Ibou estava fraco demais para voltar a Dacar, tivemos que recorrer ao hospital de Mékhé. Pelo menos, as crianças e eu pudemos visitá-lo lá. E hospital mandou uma "ambulância" para buscá-lo dessa vez.

Menos mal que a equipe do hospital da pequena cidade de Mékhé tenha nos permitido alimentá-lo, limpá-lo e cuidar dele. Ao menos em termos de dignidade humana, isso foi melhor do que o deixar à mercê da equipe do pronto-socorro de Dacar. Colocaram o soro de novo para repor o sódio e, de novo, ele parecia estar melhorando.

Na sexta-feira, a família dele foi vê-lo, e decidiu transferi-lo de novo para um hospital em Dacar. A família tinha aquele tradicional respeito pelos hospitais da capital; como eu poderia culpá-la? Eu também pensava igual, até que vi um de perto. Tentei argumentar, mas os familiares tinham os direitos legais e estavam decididos.

Fui para casa naquela noite e chorei muito, com medo de que aquilo fosse uma sentença de morte para Ibou.

No hospital de Dacar, de novo eu tive dificuldade para conseguir informações sobre ele. Felizmente, o enfermeiro que eu havia subornado antes me atualizou: disse que Ibou estava inconsciente, mas parecia estável. No dia seguinte, porém, o médico que o supervisionava afirmou que ele estava em estado crítico. Tentamos saber dos sinais vitais, mas não nos disseram mais nada.

Na segunda-feira, ele parecia melhor de novo.

Na terça-feira de manhã, o irmão dele me ligou para me avisar que ele havia morrido.

Naquela tarde, nós o enterramos.

No Senegal, nós não refrigeramos nem embalsamamos nossos mortos; nós os enterramos logo após a morte.

Pessoas morrem o tempo todo no Senegal; mas aquela era uma das pessoas mais importantes de minha vida. Eu passara os dez dias anteriores lutando para conseguir tratamento para ele, sem nenhuma informação boa, em um sistema que nenhum de vocês consideraria aceitável para alguém de quem gostassem.

Fui com seu filho mais velho ao funeral. Não contamos às crianças mais novas porque não podíamos levar todas, e eu não queria deixá-las sozinhas depois de receber essa notícia horrível. No velório, Ibou estava coberto com um pano branco, como é nosso costume. Eu o toquei uma última vez antes que terminassem de cobrir seu rosto e seus pés. Tiveram que me tirar de lá carregada. Eu estava sufocando, gritando e chorando incontrolavelmente, tudo ao mesmo tempo.

Quando voltei para Mékhé naquela noite, tive que fazer uma das coisas mais difíceis que já fiz desde que enterrei meu primeiro marido. Antes de entrar na casa, parei, com medo do que estava por vir.

Quando abri a porta, as crianças correram para mim com os olhos arregalados, perguntando com entusiasmo: "Nosso papai está melhor?"

Sinto muita saudade de Ibou. Este livro é dedicado a sua memória.

AGRADECIMENTOS

Partes deste livro foram extraídas de materiais que eu havia criado antes, como entrevistas e discursos; esses textos foram então adaptados para se adequar ao formato deste livro. Agradeço a cooperação daqueles que publicaram minhas palavras pela primeira vez em versão impressa, em vídeo ou podcast, como a Foundation for Economic Education, TED, John Stossel, o Acton Institute (produtores de *Poverty, Inc.*), e Valerie Hinkle e Jared H. H-Marshall, que criaram Made in Mékhé. Deixo um agradecimento especial ao doutor Stephen Hicks, por sua entrevista publicada no *Kaizen*, o boletim informativo do Center for Ethics and Entrepreneurship do Rockford College.

Obrigada à Atlas Network, incluindo Brad Lips, Linda Whetstone (1942-2021) e todos os parceiros e doadores da Atlas Network por apoiarem nosso trabalho no Center for African Prosperity. Meus agradecimentos também a Inge Herbert e à Friedrich Naumann Foundation por seu generoso apoio.

Os títulos dos capítulos são do livro *Wisdom of the Wolof Sages*, do doutor Richard Shawyer (Musaa Sarr), uma coleção maravilhosa que ele disponibilizou na internet.

Também gostaria de agradecer a Duggan Flanakin e Mark St. J. Couhig por suas pesquisas e seus conselhos editoriais, bem como a Caleb Capoccia por seu apoio à pesquisa.

Obrigada a meu amado professor George Ayittey (1945-2022) por sua integridade moral e intelectual na pesquisa e documentação da verdade sobre a livre iniciativa na África pré-colonial — especialmente quando não era uma mensagem popular. George, você abriu minha mente e meu coração de maneiras inimagináveis. Você merece um Prêmio Nobel, e confio que a história se lembrará de seu nome.

Obrigada a meus queridos amigos que me apoiaram ao longo desta jornada, como Ibrahima N'Dour, Gerry Ohrstrom, Frayda e Ken Levy, Vidar Jorgensen, John Mackey, Michaella Rugwizangoga, Chris Rufer, Bob Chitester (1937-2012), Sylvie Légère, Anne Davidson, Andreas Widmer, Gonzalo Schwarz, padre Sirico, Mark Weber, Michael Matheson Miller, Carol e Eldon Wentz, Delilah Rothenberg, George Scharffenberger, Sophie Ravel, Larry Bailey, Maya Ravel-Bailey, Alison Davis, Jim e Maureen Tusty, Bill Pearson e família, Sean Malone, Richard Lorenc, Larry Reed, Gabriel e Karen Calzada, Lawson e Cynthia Bader, Matt e Terri Kibbe, e muitos outros. Todos vocês me receberam de braços abertos, sempre respeitaram a mim e a minha mente e me mostraram seu apoio das formas mais inegáveis.

E deixo um agradecimento muito especial a Emmanuel Marchand, sua mãe Marie-Claude Leboeuf e a toda a sua família.

Por último, mas não menos importante, quero agradecer ao meu amado M, Michael Strong.

Amar não é olhar um para o outro,
é olhar juntos na mesma direção.
Antoine de Saint-Exupéry

A maioria das pessoas pensa que o amor tem a ver simplesmente com o romance de estar junto. Para mim, tem a ver com servir a um propósito maior juntos. O amor entre mim e Michael é inegável e todo-poderoso. Nós o usamos para servir a um propósito maior que nós mesmos: a erradicação da pobreza global, ajudando pessoas de nações atualmente empobrecidas a se levantar para que também possam ter uma vida próspera, feliz, saudável e produtiva. Nós não olhamos um para o outro; nós nos abraçamos firmemente, olhamos na mesma direção e avançamos com coragem e confiança enquanto pavimentamos o caminho rumo a nossa visão de um mundo melhor.

LEIA TAMBÉM:

THOMAS SOWELL
ESSENCIAL
Sociedade, Economia e Política

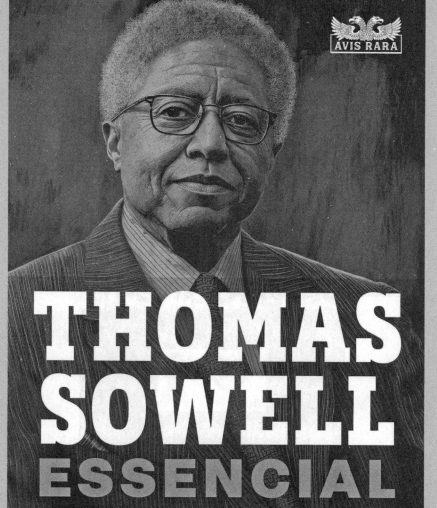

ASSINE NOSSA NEWSLETTER E RECEBA
INFORMAÇÕES DE TODOS OS LANÇAMENTOS

www.faroeditorial.com.br

CAMPANHA

Há um grande número de pessoas vivendo com HIV e hepatites virais que não se trata. Gratuito e sigiloso, fazer o teste de HIV e hepatite é mais rápido do que ler um livro.

FAÇA O TESTE. NÃO FIQUE NA DÚVIDA!

ESTA OBRA FOI IMPRESSA
EM ABRIL DE 2025
PELA GRÁFICA HROSA